中国主要社会思潮

丛书主编——郭忠华

社会思潮极端化的预防与消解

章冲——主编

格致出版社　上海人民出版社

本研究为国家社科基金重大项目

"当前主要社会思潮的最新发展动态及其批评研究"

（项目编号：16ZDA100）的阶段性成果

目 录

导　言：
社会思潮的极端化及其预防与消解

〜〜〜〜〜〜〜〜〜〜〜〜〜〜〜〜〜〜

　　社会思潮是在一定历史时期内,反映一定阶层的利益和需求的一种思想倾向。它并不是自发产生的,而是在经济社会的变革和社会心理的变化基础之上,由一些思想家首先提出较为系统的学说或理论,进而在人们之间产生影响,从而引领社会心理和社会变革。这就意味着,在一定时期内,可能出现多种社会思潮,而在不同的社会思潮之间可能存在着差异。在《思想的谱系》一书中,英国作家佩里·安德森从极右派(右翼思想家施米特、施特劳斯和哈耶克)、自由主义中间派(自由派哲学家罗尔斯、哈贝马斯和博比奥)到马克思主义左派(左翼文化中的重要人物如历史学家汤普森、布伦纳和霍布斯鲍姆),全面考察了西方当代思想领域的各种变化。我国学者马立诚在《当代中国八种社会思潮》一书中对中国特色社会主义思想、老左派思想、新左派思想、民主社会主义、自由主义思潮、民族主义思潮、民粹主义思潮和新儒家思潮等八种社会思潮进行了详细的介绍和阐述,使读者得以理解中国的过去,认识中国的现在和探知中国的未来。

　　在全球化、信息化、网络化的时代背景下,世界各国的经济、政治、文化交流与互动不断加深。社会思潮也处于不断演变之中,近几年在我国的发展出现了新的走向。从国际范围看，尤其是改革开放以来，西方各种思想文化以不可阻挡之势涌入我国，功利主义、消费主义等社会思潮通过生活、消费、休闲等方式在潜移默化中影响人们对我国社会主义主流意识形态的认同。从国内情况看，经过四十年的改革发展，我国已经进入了改革的"深水区"，社会结构、组织形式和利益格局发生了深刻变化，深层次的社会矛盾和社会问题不断凸显；贫富差距（城乡收入之间、地区之间收入差距）扩大；就业、教育、医疗、居住和养老等民生难题出现。在社会生活和社会心理结构发生急剧变革的社会中，人们往往对一些社会问题认识不清，出现困顿，希望在迷茫中寻得一丝解答。在这一情境之下，除了传统的思想观点和价值观仍可能发生作用，为人们提供思想上的指引外，改革开放以来深层的历史变动和社会结构多元化发展或促使了各种新思想流派的涌现，或推动了旧思想的改头换面，最终形成新时期各种思想学说林立、价值冲突频繁、多样化社会思潮并存的局面。这些社会思潮一方面表现出积极、进步和健康的特点，另一方面却掺杂消极、落后、低俗的因素，在为国家发展和精神文明建设带来多元和活力的同时，也使得社会思想更加繁杂与喧嚣。

人民论坛问卷调查中心于 2017 年 1 月初发布了 2016 年十大社会思潮的调研报告，对国内外重要思潮进行盘点，按照排名由高到低，这十大值得关注的重要思潮分别为：民粹主义、新权威主义、民族主义、极端主义、新自由主义、虚无主义、新左派思潮、功利主义、消费主义、生态主义。根据人民论坛对 2010—2016 年间作出的年度十大思潮的追踪调查，综合来看，七年间，影响我国的社会思潮大致较为稳定。民族主义、新自由主义思潮长期在列；虚无主义在不同时期有不同的侧重点，当前主要表现出历史虚无主义、文化虚无主义的演变趋势；2016 年，在世界经济危机、全球经济增长乏力的情况下,民粹主义在世界范围表现十分活跃,也刺激了国内民粹主义倾向。在这些流传广泛的意识形态和价值观中,新自由主义、宪政民主主义、历史虚无主义等社会思潮在我国一部分知识分子和一些社会群体中具有很大的市场,对当前主流意识形态的认知和构建造成极大的冲击和挑战。

在互联网技术不断发展普及的今天,社会思潮通过网络空间实现了传播手段的新变化,其传播、发酵、扩散的场域越发广泛、速度越发快捷、受众层次越发多元,对我国经济与社会发展问题带来了新的观点,并提出了新的挑战。2005 年以来,微博、新闻客户端等移动媒体和自媒体技术出现和发展,2012 年被称为"移动网络元年",移动网络的使用已成为人们的日常生活方式。根据第 40 次《中国互联网络发展状况统计报告》,截至 2017 年 6 月,我国手机网民规模达 7.24 亿,占整体网民数量的 96.3%。由于移动网络的便利性和可获取性,人人皆可成为社会思潮传播的信息源与自媒体,同时也可成为接收者。信息传递的时效性和全球性大大加强,使得社会思潮由区域性走向全球共享与国际交融,其影响力大大增强。

为了显示自身在网络空间中的存在和影响力,各种社会思潮,尤其是极端思潮都将网络作为自身活动的主阵地,从 PC 网络转移到移动网络,呈现出传播话语的明快化,传播形式的"科学化",传播内容的现实化、碎片化,传播方式的立体化、个性化,传播路径的网状化、裂变化等特点。少数极端思潮或特殊利益群体围绕人民群众所关心的热点、难点问题和突发性事件,在特定论坛(如强国论坛、铁血社区等)、特定网站(乌有之乡、东方红网等)、个人博客或微博等社交媒体群,不断炒作热点、借题发挥,引发社会舆论关注,从而达到传播自己思想的目的。有的社会思潮甚至已经形成规模,拥有自己的组织架构、代表人物、宣传阵地和受众，侵蚀主流意识形态的主阵地，造成整个社会的舆论严重偏向，为中国共产党和人民政府团结人民群众有效治理国家增加难度和阻碍。当有关思潮在大众中引起广泛的共鸣，拥有数量庞大的受众之后，社会思潮的斗争极有可能逐渐形成为政治斗争，并影响社会变革发展的历史走向。

极端社会思潮带来的复合性挑战已经引起党和国家领导层的重视。党的十八大以来，以习近平为总书记的党中央高度重视对社会思潮的引领工作，提出"加强社会主义核心价值体系建设。要深入开展社会主义核心价值体系学习教育，用社会主义核心价值体系引领社会思潮、凝聚社会共识"，分别从国家层面用"富强、民主、文明、和谐"，社会层面用"自由、平等、公正、法治"和个人层面用"爱国、敬业、诚信、友善"等价值观侧重引领社会思潮。2016年国家加大互联网治理力度，网络思想领域得到净化，网络争论趋于理性化，"正能量"宣传在社交媒体中赢得话语权。意识形态工作是党的一项极端重要的工作，习近平总书记指出，必须加强党对意识形态工作的领导，巩固全党全社会思想上的团结统一。

同时，学术界也积极探讨社会思潮消极作用的预防和消解策略。事实上，各种社会思潮具有的批判性功能，使得其在面对具体社会问题和公共事件时，比主流社会思潮、主流意识形态在某种意义上更加具有优势。为此，必须认真认识和理性应对，以尽可能利用其积极作用，避免其负面影响。学界出现了一大批研究成果，基本形成以新闻传播学、舆论学为核心，以哲学社会科学其他学科为支撑的研究群，对于实现社会思潮的有效引领和不良作用的预防有着重要的借鉴意义。通过对涉及社会思潮消极作用的消解的研究成果的整理、概括和归纳，学界的研究主要从以下视角展开：关于社会思潮形成、传播过程、传播特点的基本问题研究;关于社会思潮网络传播的研究;关于引领社会思潮传播的研究;关于社会思潮在高校传播与引领路径的研究,等等。

本论文集作为 2016 年国家社会科学基金重大项目"当代主要社会思潮的最新发展动态及其批判研究"的研究成果之一,是在系统总结和分析近十年来相关主题的优秀文献的基础上编写的,共分为三个部分。

第一部分为"社会思潮极端化的形成与传播机制",从政治心理学和传播学等角度展现社会思潮极端化的形成条件、过程和影响,并从社会思潮的传播模式、传播手段和传播规律等角度呈现有关社会思潮在网络空间中传播的实证研究成果。林建成从知识社会学的角度分析一个典型的社会思潮的形成要经历问题产生、矛盾升级、心理共鸣、立场汇聚、思想综合、纲领形成这些环节。王永友和耿春晓进一步指出社会思潮的传播呈现出"三重"规律:借力(学术理论之力、名人影响之力、宗教渗透之力与文化艺术之力)传播、借势(社会变革之势、社会热点之势与时代潮流之势)传播和借需(群众利益诉求、群众心理诉求与群众价值诉求)传播。关于网络空间的社会思潮传播,方付建以分析思潮网站为例,总结了社会思潮壮大其影响的方式;陈伟军指出,与传统媒体树立中心意识的传播相比,网络传播是一种去中心化的传播。而网络思潮与现实世界互动,形成舆论声势,有时可能导致网络话语权的失衡。陈尧以网络民粹主义思潮为例,分析其从虚拟集聚到现实社会运动的传播过程和根源。

第二部分为"应对社会思潮极端化的国际经验",选编美国、英国、新加坡、拉美等国家和地区设计符合自身政治体制与社会传统的,针对社会思潮极端化的预防体系的发展历程、主要特征与模式和经验教训，为我国的相关研究提供来自国际视野的参考内容。陈露茜总结 20 世纪 80 年代美国教育政策中的五类控制模型，以实现保守主义思潮下统治权力的合法化。郭小香评析新加坡人民行动党政府应对儒家文化的政治考量，策略性地利用儒家文化引领社会思潮。沈晓晨和杨恕以英国"预防战略"为例，分析应对恐怖主义思潮、反恐怖主义化的三个关键维度——反对什么、怎么反对和如何合作。陈平和王军分析新自由主义在拉美的失败及其原因。

第三部分为"消解社会思潮极端化的中国经验：价值引领与防范路径"。综合来看，我国现有的对于意识形态的对策研究大致可以被归纳为积极引领与消极防控两个维度。论文集首先从"积极引领"的角度摘编社会思潮的引领成果。张耀灿和杨静通过剖析社会思潮的本质内容、评判社会思潮的社会作用、预测社会思潮的演变规律，指出社会主义核心价值体系引领社会思潮必须尊重差异、包容多样。张骥和吴智育进一步指出社会主义核心价值体系引领多样化社会思潮是一个复杂的社会沟通过程，需从社会心理沟通角度构建引领的整合沟通模型。张骥和申文杰系统总结改革开放以来中国共产党在意识形态创新过程中引领社会思潮的基本经验。接着从"防控"角度摘编针对社会思潮消极作用的应对措施，包括预防制度、内容、渠道、策略和路径等角度。毕红梅和李婉玉通过深入分析移动互联网技术对社会思潮的影响路径，探究移动互联网时代社会思潮的引领路径，包括创造有利于社会主义核心价值观宣扬发展的网络环境和构建民意汲取机制等。赵勇和陈锡喜指出，在社会的开放和生活多样化的转型过程中，社会主义意识形态的建设应在其方向、价值取向、内容、途径、语言和范畴等五个方面共同努力。徐海波通过对香港社会思潮的分析，阐述有效引导香港社会思潮的机制和途径。

本论文集有以下亮点。

第一,论文集从政治学、心理学、传播学等角度囊括有关社会思潮传播环节与特征的优秀作品,丰富社会思潮传播的研究。对当代中国主要社会思潮形成、传播路径和传播特点的研究,有利于把握这些社会思潮在我国的发展动向,以对其进行有效调控。另外,社会思潮的传播必须要借助一定的载体,如果弄清楚各种社会思潮借助载体的运行方式,就能够调控和引领其传播载体。本论文集因此选编研究社会思潮在网络空间、思潮网站等传播载体中表现的论文,有利于在开展主流意识形态工作中借鉴其传播方式,又有利于我国主流意识形态通过各种传播载体形成与社会思潮的交流、对话与抗衡。

第二,论文集从国际比较的视角出发,重点回顾境外国家和地区在这一领域的制度构建,包括其探索中的成功经验和失败教训。当今西方社会面临新自由主义、民粹主义、恐怖主义等思潮的挑战,各国的应对方式也处于不断摸索和试验之中,或成功,或在社会中存在争议。论文集通过呈现其应对社会思潮的理念和措施,从而丰富对其他国家相关制度的发展历程和现状特点的认识,以期读者和研究者更为理性地理解我国消解社会思潮不良影响的必要性、重要性和摸索道路中的争议性,进而为我国这一领域制度建设战略的规划提供可借鉴的方法上的指南。

当前国内外多种思潮交错激荡,网络思潮与现实社会思潮之间相互影响,在这一背景下,重要思潮的传播特征、传播方式和其不良影响的消解与预防成为政府关注的焦点,同时学界对这一主题也投以极大的注意力,出现了大量优秀的研究成果。在我国学术界,尤其是中共十七大以来,在"积极探索用社会主义核心价值体系引领社会思潮的有效途径"的指引下,除了理论研究之外,对社会思潮消极作用的预防与消解的实证研究也逐渐增多。学者对各种社会思潮在不同传播载体、不同时期和不同群体中的表现不吝笔墨。本论文集的推出希望能够呈现这一主题当前的总体情况和研究成果，但囿于篇幅的限制，未能涵盖所有的研究主题。希望本论文集能起些抛砖引玉的作用，吸引学者参与到引领社会思潮这一主题的研究中。

上　篇

社 会 思 潮 极 端 化 的

形 成 与 传 播 机 制

从知识社会学的角度看社会思潮的
形成途径及其现实意义

林建成*

知识社会学又称思想社会学,是以思想与社会的关系为研究对象的学科,从某种意义上说,可以把马克思看成知识社会学的先驱。但知识社会学的真正创始人是卡尔·曼海姆,曼海姆对社会思潮提出了许多重要见解,它对社会思潮进行全方位的思想跟踪,阐述"导致思想模式产生的各种立场的存在起源问题"[①],探讨社会文化因素向社会思潮渗透的机制,值得我们去挖掘和研究。

社会思潮是在一定时期内得到广泛传播的思想潮流,是一定社会集团愿望的反映,代表一定的政治倾向、价值观念和生活态度,是社会变动的晴雨表。社会思潮有没有自己的形成途径?它要经历几个大的阶段或环节?这些都还是有待研究和深化的问题。虽然曼海姆的知识社会学对社会思潮进行了较深入的研究,但它并没有专门论述社会思潮的形成途径问题。本文以唯物史观为指导,紧扣

---

* 林建成,北京交通大学人文社会科学学院教授,博士生导师。研究方向为哲学及知识社会学。该文原载《北京交通大学学报(社会科学版)》2011年第3期。

① [德]卡尔·曼海姆:《卡尔·曼海姆精粹》,徐彬译,南京:南京大学出版社2002年版。

思想与社会的关系这一知识社会学的研究角度,借鉴曼海姆等人的研究成果,对社会思潮的形成途径作一探讨。我认为,一种典型的社会思潮的形成要经历下列几个大的阶段。

一、从问题产生到矛盾升级

任何社会思潮都产生于重大的社会问题,都是对社会问题或任务的一种回应。马克思指出,任务不是凭空提出的,提出任务是需要社会条件的。反过来说,任务的提出说明相关的社会条件已经成熟。"人类始终只提出自己能够解决的任务,因为只要仔细考察就可以发现,任务本身,只有在解决它的物质条件已经存在或者至少是在生成过程中的时候,才会产生。"①一种真正的社会思潮不仅包含着任务,而且包含着对任务的理论解决。因此,一种社会思潮的出现说明解决相关任务的条件已经具备。

任务的提出说明社会已经产生了相关的社会需要。因此,考察社会思潮就不能不对需要进行分析。马克思对需要的分析为我们的研究树立了榜样。需要这一看似主观的东西,其客观性和重要性在马克思那里得到了充分的揭示。因此我们要看到,虽然社会需要内化在人们的心理之中,但它同时又是客观存在的现实。

在马克思看来,对所有人类活动的产品,我们不仅应当立足于实践来理解,而且应当借助需要来理解。社会思潮作为人的精神生产的产品,作为人类思想史中的现象,同样要借助需要才能加以理解。任何一种真正意义上的社会思潮都反映着或者说渗透着这样或那样的社会需要。一种社会思潮如果脱离了社会需要,就会成为

---

① 《马克思恩格斯选集》(第 2 卷),北京:人民出版社 1995 年版,第 33 页。

无源之水、无本之木,就必然走向衰落。反过来说,一种社会思潮能够成形,正是说明它有着较为深厚的社会需要方面的根基。

任何社会思潮都还是一定社会矛盾的反映。中国近代的维新思潮反映的是国家危亡同民族振兴的矛盾,新文化思潮反映的是新观念与旧价值的矛盾,个人主义思潮反映的是个人与社会的矛盾,婚姻自由思潮反映的是新型婚姻观念与旧的婚姻制度的矛盾,资产阶级自由化思潮反映的是资本主义与社会主义的矛盾,生态主义思潮反映的是人与自然的矛盾,民族主义思潮反映的是民族与民族在利益上的矛盾,无政府主义思潮反映的是认同权威与否定权威的矛盾,民粹主义思潮反映的是强势群体与弱势群体的矛盾。但并非所有社会思潮都是对社会矛盾的正确反映,有些社会思潮只是社会矛盾的歪曲甚至颠倒的反映。同时我们也要看到,并非所有的社会矛盾都能成为培育社会思潮的土壤。许多潜在的矛盾并未受到广泛的关注,只有那些升级了的矛盾才会成为培育社会思潮的土壤。

二、 从矛盾升级到心理共鸣

虽然矛盾升级培育了社会思潮的土壤,但社会思潮的真正产生还需要群众心理上的呼应,因为社会心理是社会思潮的一个不可或缺的层面。普列汉诺夫早就指出:“一切思想体系都有一个共同的根源,即某一时代的心理。”[①]强调心理因素的作用并不是历史唯心主义,把心理因素当成社会历史的终极决定因素才是历史唯心主义。这里的关键在于,我们不能把人的心理因素,尤其是民众的文

①　[俄]普列汉诺夫:《普列汉诺夫哲学著作选集》(第三卷),汝信等译,北京:生活·读书·新知三联书店 1974 年版,第 196 页。

化心理结构看成纯粹主观的东西。实际上，人的心理一旦形成，就成为一种客观存在的事实。

唯物史观是一种历史决定论，但它决不是历史宿命论，决不抹杀人的主观能动性，决不否认人们自己创造自己的历史这一原理。要解释人的主观能动性怎样介入历史，就不能不看到人的心理因素的作用。注重心理分析，强调心理因素在社会发展中的地位和作用并非就是历史唯心主义。历史唯物主义决不贬低人的思想动机的重要性。恩格斯告诫人们："那么问题涉及的，与其说是个别人物、即使是非常杰出的人物的动机，不如说是使广大群众、使整个的民族，并且在每一民族中间又是使整个阶级行动起来的动机；而且也不是短暂的爆发和转瞬即逝的火光，而是持久的、引起伟大历史变迁的行动。"①在这里，我们需要看到心理动机的客观社会基础。但是，群体心理动机趋向一致，产生心理共鸣，这是社会思潮形成的重要环节。

心理共鸣的产生是诸多社会因素和心理因素交互作用的结果，这其中利益、需要、愿望等因素起着重要的作用。一般说来，共同的利益产生了共同的需要，共同的需要培育出共同的愿望，共同的愿望汇聚在一起并沿一个方向涌动，于是产生心理共鸣。当然心理共鸣的具体产生机制是一个十分复杂的问题，真正弄清这一机制还有待社会心理学、社会学等学科长期深入的研究。

三、从心理共鸣到立场汇聚

心理共鸣是社会思潮形成的重要环节，心理共鸣说明人们心理

① 《马克思恩格斯选集》（第 4 卷），北京：人民出版社 1995 年版，第 249 页。

愿望上存在共同点,但共同点毕竟还不是结合点,而社会思潮的形成显然还需要精神上的一种结合,尤其是人们立场、观点上的一种结合或汇聚。只有人们的立场结合或汇聚在一起,才会形成社会思潮。

立场的汇聚显然不仅仅是思想层面的事,而是涉及社会阶层、社会群体。从这个意义上说,立场的汇聚本质上不是思想家的事,而是现实生活中有着相同或相近思想倾向的人在政治上的一种结合。曼海姆说:"这些立场汇聚并非是由思辨主体实现的(如果将思辨主体和行动主体相区分是正确的话),而是由行动的、最终是政治的主体而实现的——如果旨在改变世界的活动最终是政治的话。"①从理论层面说,立场汇聚不仅包括知识的相加,而且也包括价值观、需要和动机等非理性因素的结合。"立场的结合从来不是思想因素的简单相加,而是基本意志动机、解释模式和现实概念相交汇的结果。"②立场汇聚是一个求同存异的过程。我国著名学者梁启超在谈到这方面问题时说:"所谓运动者,非必有意识,有计划,有组织;不能分为谁主动谁被动。其参加运动之人员,每各不相谋,各不相知;其从事运动时所任之职役,各各不同;所采之手段亦互异。于同一运动之下,往往分无数小支派,甚且相嫉视相排击。虽然,其中必有一种或数种之共通观念焉,同根据之为思想之出发点。此种观念之势力,初时本甚微弱,愈运动则愈扩大,久之则成为一种权威。"③

立场汇聚还是一个复杂的过程。虽说人们越来越认可不同的阶级或阶层有不同的思想这一观念,但是社会思潮同阶级或阶层之

①②　[德]卡尔·曼海姆:《卡尔·曼海姆精粹》,徐彬译,南京:南京大学出版社 2002
　　年版。
③　梁启超:《清代学术概论》,南京:江苏文艺出版社 1997 年版。

间却并非总是简单的一一对应关系。随着社会的发展和利益分配格局的变动,社会群体也呈现出复杂多变的态势。既有一个阶层内部的社会群体,也有跨阶层的社会群体,更有众多由不同群体的不同部分组合而成的新群体。这些社会群体的组合是建立在社会立场相同或相近这一基础上的,而相同或相近的立场的汇合是社会思潮形成的重要社会基础。

四、 从立场汇聚到思想综合

在社会思潮的形成过程中,立场汇聚不可避免地带来思想上的综合。综合是分化的反面。实际上,社会思潮的演进经常伴随着分和合的过程。一方面,新的思潮不断地被分离出来;另一方面,各种思想在相互作用中又被整合起来。

思想综合并不是无根基的随意性结合,而是建立在相同或相近的目的、意志基础上的。曼海姆说:“如果人们仅仅关注能在表面观察到的主题的起源,而不是在群体意志的水平上关注整合和分化这一基本决定性过程的话——这种基本决定性过程赋予了构成主题起源历史的其他次要过程以意义——那么是不可能理解思潮领域的现代集中过程的。”①在这里,作为综合的过程,不同群体的立场的汇聚是社会思潮形成的重要基础。

选择是思想综合过程中的一个机制。那么什么样的内容更容易被选择呢?曼海姆认为至少有两个标准:一个是实用性的标准。“从长远来看,历史之流倾向于筛选出那些具有最大实用价值的经

---

① 　[德]卡尔·曼海姆:《卡尔·曼海姆精粹》,徐彬译,南京:南京大学出版社 2002
　　年版。

验的内容、模式和结构。另一个是可信度标准。""在思想的社会分化过程中,即使是对立双方最终也会不得不采用那些最适合于既定世界秩序取向的思想范畴和形式。"①

19世纪前期的黑格尔哲学作为一种思潮就综合了启蒙思想和历史保守主义。启蒙思想认为"有可能通过纯粹推理来推断出能解决任何问题的唯一正确方法,任何与此假定的正确方法相悖的事物都被视为一种障碍,一种绝对的错误"。如果说启蒙思想极端推崇理性,那么历史保守主义则极端怀疑理性。而黑格尔的思想则通过综合克服两者的对立。曼海姆认为,黑格尔"试图发现这样一种立场,从这一立场来看,两种思想都能表现出其部分的正确性,同时这两种思想又都从属于一种更高层次的综合"。②

五、 从思想综合到纲领形成

思想综合的不断进行,往往会带来社会思潮在理论层面的最重要成果,即思想纲领,思想纲领是思想综合的产物。曼海姆说:"我们已在派别的层次看到纲领也只有通过综合才能产生,需要用综合来将个别群体和派别团结进党派的计划中去,这种计划将会产生足够的吸引力。"纲领是社会思潮的核心,有无明确的纲领也是一种社会思潮是否成熟的标志。

那么是什么方法将众多特殊的意志汇聚为一个综合的纲领?曼海姆认为是竞争这一方法。竞争这一过程不但使有共同立场的人融合起来,而且是纲领产生的重要机制。"竞争是思想形成过程

---

①② ［德］卡尔·曼海姆:《卡尔·曼海姆精粹》,徐彬译,南京:南京大学出版社2002年版。

中的协同决定因素。"

思想纲领的出现标志着一种成熟的社会思潮的正式形成。但是社会思潮的正式形成并不意味着它停止发展。一种社会思潮产生后,既可能向理论方向发展,也可能向实践方面推进。曼海姆认为,如果一种社会思潮在实践方面的发展受阻,它往往会转向理论方面进行发展,使自身的理论更加精细化。

不同的社会思潮在发展自己的理论方面各有自己的方法,但其中也存在共同的一面。梁启超也认为,一种社会思潮产生后,在发展理论方面必有几种现象相伴随:一是注解。因为思潮的思想内容丰富,思潮内部的人们便会加以解释。二是分裂。一种社会思潮在思想上自然也成为一大学派,它的内容既然丰富,解释也就各不相同,有几种解释,就可能产生几种派别。三是修正。梁启超认为,有一种主张,就有一种反抗。既然有反抗学说产生,本派的人想维持发展固有学说,就要做出新的努力。这其中就会有人因受他派的影响对本派学说进行补充或修正。

梁启超认为:"地不论中外,时不论古今,所有各种学派,都由这几种现象,发动出来。"①从历史上社会思潮的演变发展来看,梁启超的上述见解是不无道理的。

从知识社会学的角度研究社会思潮,在今天具有重要的现实意义。

第一,它有助于我们借鉴知识社会学关于社会思潮的有价值的观点。知识社会学关于立场的汇聚、思想的综合、内容的选择、不同意志的竞争等环节在社会思潮形成和演变中的作用的看法,都值得我们借鉴和参考。借鉴知识社会学的观点,能够使人们掌握各种社

---

① 梁启超:《清代学术概论》,南京:江苏文艺出版社1997年版。

会思潮的社会基础，了解它们的来龙去脉，使人们不但知其然而且知其所以然，从而更加理性地对待各种社会思潮，对各种社会思潮予以合理的定位。借鉴知识社会学的观点，还有助于我们在把握规律的基础上处理同各种社会思潮的关系。

第二，它有助于我们认识社会思潮演变机制的复杂性。应当看到，社会思潮不一定都是某个阶级或阶层的思潮，它可以是跨阶级或跨阶层的。因为社会问题和心理共鸣是社会思潮产生的两个重要条件，而社会问题同阶级或阶层并不总是具有对应关系的；另一方面，心理共鸣也不是仅限于某个阶级或阶层的内部，一种社会思潮的理论表达同它所代表的群体愿望之间并不都是精确对应的关系，因为社会思潮的理论表达有可能受表达者个人思想特征和表述风格的影响。此外，有些社会思潮的群体愿望并没有十分严格和统一的理论表达。从传播途径上说，我们也要看到政治思潮更多地是通过社会心理到理论形态的路径，学术思潮则更多地是通过从理论形态到社会心理的路径。

第三，它有助于我们建设主流意识形态。主流意识形态要加强自身建设，就要做到与时俱进，增强自身的创新能力。在不同的历史时期，主流意识形态所强调的内容应有所不同。要确定一个时期的侧重点，就需要把握时代脉搏，分析社会需要。同时，在主流意识形态的建设过程中，还要高度关注社会舆论。在社会舆论中，尤其是要高度关注民怨。要弄清民怨产生的具体原因，如哪些是由于主流话语方式同民间话语方式不一致，哪些是由于党和政府的工作失误，哪些是由于政策不完善，哪些是由于改革发展造成了利益冲突，等等。

第四，它有助于我们对各种社会思潮进行分类把握。从与主流意识形态的关系上看，一个国家特定时期的社会思潮可分为同向型社会思潮、差异型社会思潮和敌对型社会思潮三类。同向型社会思潮与主流意识形态的立场相同，方向一致，对主流意识形态有巩固作用，我国现时期的爱国主义思潮就属此类。差异型社会思潮与主流意识形态的立场不同，方向各异，对主流意识形态有消解作用，我国现时期的利己主义思潮、拜金主义思潮、无政府主义思潮等都属此类。敌对型社会思潮与主流意识形态在立场上根本对立，对主流意识形态有严重的危害作用，我国现时期的经济私有化思潮、民族分裂主义思潮等就属此类。对社会思潮的分类把握是我们进行合理引导的前提。

第五，它有助于我们对各种社会思潮进行正确引领。具体问题具体分析是处理社会思潮的原则之一。对社会思潮应区别对待，不可"一刀切"。要区分可引领的社会思潮和不可引领的社会思潮。不仅对不同的社会思潮要具体问题具体分析，分类处理，而且对不同的时期和不同的状况也要进行区分。此外，在对待"引领"的问题上，我们应正确理解，避免走入误区：首先，"引领"不等于不要批判；其次，"引领"不等于不加限制；第三，"引领"不等于平起平坐；第四，"引领"并不是漫无目标。总之，需要具体问题具体分析，研究社会思潮各自的特点，在此基础上制定应对方案和具体措施，从而使引领的方式更加合理化。

社会思潮传播"三重"律：
借力、借势、借需传播

王永友　耿春晓[*]

　　社会思潮传播是指传播主体通过各种渠道传达和散布社会思潮，以扩大社会思潮的影响力，增进人们对社会思潮的认同，传播内容主要包括反映某一社会阶级、社会阶层与社会集团利益和要求的思想理论、政治信仰、社会观点和价值主张等。社会思潮传播深刻影响着人们的思想价值观念，影响人们的道路自信、理论自信、制度自信和文化自信。只有透过社会思潮传播现象，厘清社会思潮传播规律，才能有效控制和更好引领多样化社会思潮。分析发现，社会思潮传播主要表现为借力传播、借势传播和借需传播，呈现出必然性、应然性和潜隐性规律。

一、借力传播律：社会思潮传播的"必然性"规律

　　社会思潮传播，常常需要借学术理论之力、名人影响之力、宗教

＊　王永友，西南大学马克思主义理论研究中心副主任，博士生导师，研究方向为文化发展与意识形态建设、组织文化与思想政治教育创新。耿春晓，西南大学马克思主义学院硕士研究生，研究方向为思想政治教育。该文原载《思想教育研究》2017年第10期。

价值之力和文艺传播之力，以期通过借"力"挖掘社会思潮传播之"渠"，扩大社会思潮传播之"面"，延展社会思潮传播之"域"，拓宽社会思潮传播之"围"。借力传播既有规律性，还有必然性，无论何种社会思潮，必然会借助某种"力"达成其传播目的。

（一）借学术理论之力挖掘社会思潮传播之"渠"

"每一种思潮都有其产生的社会环境和心理依据，包含着特定的信仰、传统、思想和理论，往往有一套观念和价值体系作为支撑。"①一定的思想理论是社会思潮传播的本质与核心。为扩大传播的广度和深度，社会思潮往往会借助学术理论之力进行传播，利用学术研讨、学术报告、学术交流等传播其思想理论主张，通过发表学术文章、出版学术专著、开展学术报告等，为其挖掘貌似"合理""合法"的思想传播渠道。一是借学术理论研讨进行传播。社会思潮传播者通过借学术研讨、交流、报告等之名，抢占理论传播高地，利用研讨会、交流会、报告会、讲座论坛等渠道，用一些看似有理有据的言论表达自己的"学术理论"观点，打着互相学习、共同进步的学术交流旗号，制造学术争鸣、引发思想交锋，渗透某些思想价值理念，向与会专家学者、高校师生等传播社会思潮的"学术价值"。二是借学术理论成果进行传播。社会思潮传播者通过出版学术"著作"、发表学术"文章"，利用"著作""文章"的逻辑性，把某些社会思潮讲得"头头是道、有理有据、合乎常理逻辑"，比较突出的如某杂志发表的一些文章渗透着"反党""反社会主义"思想，大力推崇西方价值理念，在这一期刊整改前，相关学者、高校师生受这一期刊文章的影响较深。三是借学术理论平台进行传播。社会思潮不仅借传统

---

① 陈伟军：《论社会思潮引领与传媒价值调控》，载《贵州社会科学》2012年第2期。

报纸杂志的新闻宣传之力进行传播,还大肆抢占新媒体网络传播阵地,快速渗透到一些权威学术理论的网络宣传平台。通过借学术新闻网站进行"学理性"报道传播其思想观点,借各种 APP、微信公众号平台、微博图文、讲课视频等新媒体平台,发布原创"学术文章"进行"理论阐释",广泛传播其"学术思想",影响人们的价值判断和价值选择。

(二)借名人影响之力扩大社会思潮传播之"面"

为扩大社会思潮传播主体、传播范围与传播效力之"面",社会思潮常常会借助名人影响之力进行传播,积极培植一些有影响力的"名人"传播主体。一是借知识型名人的影响力进行传播。"知识型名人"主要指在学界有一定影响力的"学者""专家""教授"等。社会思潮传播者常扶植有一定理论功底的"专家、教授"做代言人,并经过"专业知识"培训或训练,不断提升"代言人"的学术地位和学术知名度,然后利用大众对专家教授的敬佩之心、崇拜之情,利用"名人"的"品格才能"魅力、"化身权威"的威慑力去影响大众。社会思潮传播者通过"专家""教授"与大众面对面"谈话""思想交流""意见交换",使大众接受并认可"专家"的"思想",进而达成"思想共识",成为这一思潮的下一个传播者,继续向他人传播;或者通过"专家""教授"开设网络讲堂、发布相关小视频向公众传播其思想观点,以冲击大众原有的价值观,进而使大众接受传播者的价值观。二是借娱乐型名人的影响力进行传播。"娱乐型名人"主要指在社会上有一定影响力的网络"大 V"、影视明星、广播主持、社会名流、各种网红等。社会思潮常常利用娱乐型名人的社会影响力,表达出对人际关系、婚姻恋爱、自由人权等的价值倾向。由于"娱乐型名人"的关注度高、粉丝量大、个人情感色彩浓厚,他们的思想观点具有很大的煽动性,对网民的影响力较强。"娱乐型名人"表达或发布的一句话甚至一个表情,都可能引发网民的关注或转发,成为热搜点,得以快速传播,产生很强的传播效果,极易形成"名人效应"。

（三）借宗教渗透之力延展社会思潮传播之"域"

宗教是一种特殊的文化现象,对人们日常生活和心灵慰藉有着重要影响,关系到人们的精神信仰问题。社会思潮为延展其传播之域,常常借助宗教渗透之力进行传播,通过开展宗教活动来满足人们的情感需求,不断创新宗教活动形式、活动内容,加深人们的情感交流,强化对人们的人文关怀,即借用宗教的社会整合力和心灵慰藉力,来达到延展社会思潮传播之"域"的目的。一是借宗教社会整合力进行传播。社会思潮传播者将不同群体和个人以宗教活动形式凝聚为一个整体,以情感关怀、安抚的名义,进行思想政治和意识形态传输,表面上是宗教关怀,实际上是传播社会思潮,通过引发人们的价值观冲突,达到传播某种价值观的目的。二是借宗教心灵慰藉力进行传播。社会思潮传播者往往会抓住人们精神上的空虚、心灵上的挫伤进行关注、关怀,给予一定的心灵慰藉和精神安慰,通过做礼拜、过节、聚会等宗教形式,给人们营造一种心理调适环境,表面上使人们能够倾诉内心不满或困惑,缓解精神上的紧张和压力,实际上是借宗教活动之形向人们传播社会思潮。

（四）借文化艺术之力拓宽社会思潮传播之"围"

文化艺术能够潜移默化地对人们的思想产生影响。传统媒介时期,社会思潮主要借文艺的语言、文字和文艺活动之力传播,通过发行文艺刊物、舞台剧演出等,在文艺作品和舞台剧创作中渗透不良价值观念,混淆人们视觉听觉,无形中向人们传播社会思潮。随着新媒体的发展,社会思潮还借网络文艺之力、新兴文艺之力来拓宽社会思潮传播的范围。一是借网络文艺之力拓宽虚拟场域。社会思潮传播者利用网络文艺大众视频、网络文化艺术节等拥有高网络人气的文艺活动或作品,以视觉冲击形成对大众思想观念的精神冲击,企图以网络文艺之力改变人们的思想认知。二是借新兴文艺之力拓宽生活场域。新兴文艺作品主要指当代的电视剧、电影、微视频等,其中既有大量的"伪"产品,打着文艺的旗号,肢解、歪曲中华优秀传统文化,这对那些缺乏文化知识的大众极易造成误导和误解。比如,大量蕴含西方价值观的电影、电视剧等文艺作品被引进并在国内广泛传播,以美国大片、日本动漫、韩国电视剧、综艺节目等最为典型,成为向我国大众尤其是青少年进行西方社会思潮传播的重要生活场域,许多西方思想观念就这样悄无声息地传播给了社会大众。

二、 借势传播律:社会思潮传播的"应然性"规律

社会思潮传播,常常是在某一特定历史时期、某一特定空间范围、某一特定领域表现得异常活跃,以期借社会变革之势、社会热点之势与时代潮流之势进行传播。借势传播既有规律性,也有应然性,无论社会思潮在哪个时期、哪个范畴、哪个领域传播,都"应该"会借助某种有利的形势达成其传播目的。

(一) 借社会变革之势挑战主流权威

社会转型过程中,往往会有各种社会问题不断、社会矛盾突出的情况,社会思潮就会趁政府对社会信息把握不准确、不及时、不到位之机,借社会变革之势提出一系列看似行之有效的方案以迎合民

众之需,进而大肆传播某种社会思潮的思想、理论及其价值观等,以达成大众接受之目的。一是借社会结构变革之势激化各种矛盾。社会结构变革时期,社会思潮传播多从社会出现的某一矛盾中分解出一些问题来表达其价值观念,提出问题解决方案,以向政府示威、向权威发难。当前,历史虚无主义、新自由主义、"普世价值"等各种社会思潮相互交织,从不同的问题角度出发,共同发力以激化我国社会矛盾,引起思想界、理论界、舆论界的混乱,引起大众对主流思想和核心价值观的质疑,人们的思想在混乱和质疑中被带走、带跑、带偏,这些社会思潮的错误思想观点对民众的影响和危害极大。二是借传播媒介变革之势抢占媒体空间。随着网络技术、新媒体技术的迅猛发展,社会思潮借传播媒介变革之势,利用新媒体的文字化、数据化、音频化等技术,整合新旧媒介资源,抢占新媒体空间,占领传播制高点,向人们传播各种不良思想观念,导致一些人产生了思想迷茫和思想困惑,对社会主流思想和主流价值产生质疑,排斥我国文化传统、价值体系与社会制度等,进而影响和冲击人们正确思想价值观念的形成。

（二）借社会热点之势渗透西方价值观

社会热点有传播范围广、传播速度快、传播时效强、传播影响大等特点,社会思潮就会趁社会对各种矛盾、问题此起彼伏、反映激烈之机,借社会热点之势推波助澜以满足民众宣泄不满情绪之需,进而大肆传播其思想,期望引起更大的社会反响,以产生更强的"社会效应"。一是借社会民生热点事件之势渗透西方政治价值观。当前,社会思潮借我国经济改革、政治改革等民生热点之势广为传播,面对大众对教育、医疗、住房等改革的热切期盼,肆意煽风点火,扩大"同工不同酬""同退不同薪""同老不同养""同区不同富""同病不同治"等民生问题,故意把矛头指向我国经济体制和政治体制,散布社会主义制度不能实现民众共富的谣言,故意夸大个别地方、个别领域出现的教育不公、司法不公现象,将少数官员的腐败问题演绎为整体性政治腐败,把共产党执政说成是一党专政,进而鼓吹、传播西方"自由、平等"价值理念。二是借社会历史热点事件之势渗透西方文化价值观。例如,当前,社会思潮借纪念某一历史事件、某位党和国家领导人或英雄人物诞辰等热点事件之势进行传播,扰乱并改变人们的历史认知,趁机传播西方价值观,渗透西方文化理念。通过打着"解说"历史人物、"挖掘"历史事件、"讲解"历史故事、"还原"历史真相的旗号,散布编造各种"看似科学、实为谬误"的历史谎言,肆意歪曲历史事件、污化历史人物、虚无历史真相,为某些国家的历史恶行进行洗白,进而贬低丑化中国历史,为向大众传播西方价值观、西方文化理念寻求机会和空间。

(三)借时代潮流之势扶植"代言人"

时代潮流作为社会发展的一种常态化体现,社会思潮会紧紧抓住时代之潮与发展之流,借时代潮流顺势而为以满足民众追赶潮流之势,渗透传播"反马""非马"言论,扶植并培养群体代言人并向特定群体进行某种社会思潮的传播。一是借青年运动之势培植青年群体"代言人"进行传播。青年运动是时代潮流发展的结果,是"青年在与社会的互动中,为追求共同的社会需求和自身利益而进行的有组织、有规模,并产生一定影响的社会活动"①。由于青年具有求知欲、好奇心、想象力强的特点,具有一定独立思考、独立分析问题的能力,但尚未形成稳定的价值观体系和坚定的信仰体系,社会思

---

① 黄蓉生:《青年学研究》,成都:四川人民出版社2009年版。

潮紧紧抓住这一特点,结合青年追求与自身利益相一致的政治理想、道德准则、思想意识和价值信仰等目标,着力培养、扶植青年"代言人",利用青年的热情、激情和亲情,与其进行思想"沟通"和"交流",为其"勾画"与切身利益和信仰追求"相一致"的"理论蓝图",不断向青年"描绘"西方社会的美好前景,以期达到借青年运动之势渗透西方制度与价值观念的目的。二是借网络舆情之势扶植网络空间"代言人"进行传播。网络舆情是时代潮流的网络转向,社会思潮常常利用互联网和手机终端自媒体平台进行意见表达,借助网络舆情之势,引发网民集群效应,引发社会思潮网络传播的"连锁反应"。社会思潮运用新媒体定向传播功能,主攻有一定影响力的网络明星名人、网络"大V",以及当下比较受欢迎的网红群体等网络舆情种群,着力对他们进行"培养",扶植其成为社会思潮传播在网络空间的"代言人"。通过物质激励鼓动"代言人"发布传播有关社会矛盾或社会问题的负面言论,倡导一些看似合理的利益表达运动或"呼吁"运动,利用大量粉丝对"代言人"的喜爱或关注,引发网民间的互攻"口水大战"以形成网络舆情事件,并借势传播某种社会思潮,扩大其在网络空间的影响力,不断增强其传播的力度和深度,促进传播主体和接收客体间的互动交流,进而引发群体冲突和舆论危机,危及社会稳定与公众对党和政府的信任。

三、 借需传播律：社会思潮传播的"潜隐性"规律

社会思潮传播,常常会抓住和利用群众某一方面的特殊需要或在某一领域的特别期盼,以期借群众利益诉求之需、心理诉求之需与价值诉求之需进行传播。借需传播既有规律性,还有潜隐性。无论何种社会思潮,都会抓住和利用群众"潜在的""隐性的"某种"需

要"达成其传播目的。

（一）借利益诉求之需激发群众对现实生活的不满

群众利益诉求，反映了当前社会最重要的现实问题，社会思潮常常会抓住群众利益诉求没有得到较好满足之机，借群众利益诉求之需激化群众对现实的不满，进而大肆传播某种社会思潮，形成所谓"鲜明"的生活差异，以达到美化西方制度、模式之目的。一是借群众美好生活诉求之需进行传播。社会思潮往往十分关注群众的某些特殊利益诉求，如缩小收入差距、解决子女教育、减轻医疗负担、加大社会保障等，并提出看似行之有效的所谓"解决方案"，开出所谓万能的"灵丹妙药"，借此向人们传播国外生活更美好的思想、他国制度更完善的理念，使人们产生制度落差感，以图改变人们原有的制度价值观念，改变人们对国家的美好期望，从而接受西方的"先进理念""宏伟蓝图"，瓦解中国特色社会主义的群众基础。二是借群众生态和谐诉求之需进行传播。例如，当前，我国在生态文明教育、资源开发、环境保护等方面还存在着许多不足，这为社会思潮借群众生态和谐诉求之需进行传播提供了空间，常常利用群众对现实生态环境不满的情绪和对和谐生态环境的追求，夸大我国生态文明建设中的矛盾和问题，极力吹捧西方生态环境保护主义，使人们产生"向往"西方的思想倾向。三是借群众民主权利诉求之需进行传播。社会思潮常常利用群众对民主的要求、对平等的渴望、对自由的向往、对公正的期盼等政治利益诉求进行传播，通过夸大人们对现实政治诉求的不满，向群众推销其他制度中的政治"民主"、法律"公正"、分配"公平"等，传播西方发达国家民众如何自由行使民主权利的思想，使人们对社会主义产生失望、反感情绪，进而接受、认同西方价值观念。

（二）借心理诉求之需消解群众国家意识形态认同

心理诉求是经济社会发展到一定阶段人们的正常心理需要，社会思潮常常会利用社会对人们的关注、尊重、认同不够之机，借群众有"被关注""被尊重""被认同"等心理诉求之需进行传播，以期达到从心理上扭曲或消解群众对国家意识形态认同的目的。一是借群众"被关注"之需进行"聚众"传播。社会思潮传播者通过对特殊事件进行反向发酵，激发部分群众共鸣，然后利用那些在日常生活中或网络空间里做事、发言较为"积极"的群众，喜欢博取关注的心理诉求进行"聚众"传播。这种传播会以一传十地进行扩散，在传播过程中或者故意夸大负能量信息的原意，或者扭曲正能量信息的原意，或者改变某些正常事件的原意，曲解信息发布者的初衷，以达到使社会大众误解国家方针政策、主流思想观念、混淆价值认同的潜在目的。二是借群众"被尊重"之需进行"定向"传播。"被尊重"是每个人都需要的正常心理诉求。社会思潮常常利用部分群众在某些方面没有得到尊重的现象，如学术成果无处发表、人格受到侮辱、隐私受到侵犯等，肆意夸大事件本身的负面效应，抓住群众"被尊重"的强烈心理诉求，进行某种社会思潮的定向传播，通过攻破"被定向"群众的心理防线，达到瓦解民众国家认同、社会认同、单位认同的潜在目的。三是借群众"被认同"之需进行"分层"传播。社会思潮常常利用群众被需要、被重视、被信任、被认可等不同程度的心理认同诉求进行"分层"传播，如抓住群众有"被需要""被重视"的心理诉求，而现实中却"被忽视""被冷落"的不满心理，表面上为有不满情绪的群众打抱不平，实则在心理上向群众暗示对社会制度、政府工作等的不满；抓住群众有"被信任""被认可"的心理诉求，一面激化、夸大群众与亲人朋友、领导同事、国家政府间的矛盾，制造被亲人朋友嫌弃、被领导同事怀疑、被国家政府抛弃的假象和心理幻境,一面在心理上进行安慰,通过满足群众被认同的"虚假"心理,达到向群众传播社会思潮的潜在目的。

(三)借价值诉求之需助长群众对西方价值的追捧

价值诉求是人们的一种精神追求,社会思潮常常利用部分群众价值信仰迷茫、困惑,价值标准迷失、缺位,一些人理想信念淡漠、精神文化空虚、道德判断模糊、价值取向不明之机,借人们有价值诉求之需进行传播,向群众传播西方价值信仰、价值观念,达到崇尚西方价值观的目的。一是借群众对崇高道德标准的渴求之需进行传播。社会思潮借群众对崇高道德标准的渴求之需,一面对不道德行为进行严厉批判,一面扩大不道德事件的负面影响,一面指责社会缺乏高尚道德准则,一面用西方道德判断标准影响群众,用西方道德事件感染群众,误导群众认同西方伦理道德思想,以达到传播西方社会思潮的潜在目的。二是借群众对共产主义理想的向往之需进行传播。共产主义是人类社会的最终奋斗目标,是人们对未来美好生活的向往。当前,我国社会还存在着发展失衡、两极分化、利益矛盾等问题,理想和现实之间还存在着较大差距。社会思潮利用群众对共产主义理想的向往同现实生活的落差,"引导"群众把目光转向西方资本主义社会,用资本主义的"美好生活"吸引群众,进而向群众灌输西方社会追求,传播西方"人权观""民主观""自由观""幸福观"等思想主张,引发人们对中国特色社会主义共同理想信念、对共产主义奋斗目标的质疑,误导群众认同资本主义社会理想,以达到传播西方社会思潮的潜在目的。三是借群众对重塑价值信仰的追求之需进行传播。社会思潮利用部分群众价值信仰缺失、迷茫、困惑,精神文化空虚、价值取向模糊之机,极力向群众大肆吹捧某些社会思潮的核心思想、价值理念,积极培植民间"代理人"和网络"代言人",着力"帮助"人们"解决"价值信仰问题,在思想认识和价值追求层面对人们进行"理论指导",向群众传播"自由、民主、人权"观念,宣扬"普世价值"理念,误导群众认同西方价值观、追求西方价值信仰,以达到传播西方社会思潮的潜在目的。

网络空间社会思潮发展方式研究
——基于思潮网站的分析

方付建 *

一、引言

　　网络互联技术的快速发展及其在世界范围的不断运用,使网络全球化的进程日益加速,而网络互联技术对政治、经济、社会等领域的深度介入和对大众的思想观念、行为方式、互动结构的深刻影响又推动了全球的网络化;同时,随着网络的成形和应用的增加,越来越多的公民尤其是早期触网较少的儿童、中老年等群体开始运用网络,多元群体触网推动了公民的网民化,而网民在持续的触网过程中,开始扮演更加多元的角色,不断在政治、社会生活中发挥显著的作用,造就了越来越多的网络公民,网络公民的增加又推动了网民的公民化;此外,随着智慧城市、物联网等技术的使用,以及网络空间的话语、规则等现实影响的加剧,使得现实空间的虚拟化呈现加快,而网络空间中不断完善的行为规则、社会结构、网民分层,不断

*　方付建,中南民族大学公共管理学院副教授,主要研究方向为网络舆情。该文原载《宁夏社会科学》2013 年第 2 期。

形成的政府标识、组织体系、治理网络则推动了虚拟空间的现实化发展。

在网络全球化与全球网络化、公民网民化与网民公民化、现实虚拟化与虚拟现实化的多元进程中，网络越来越成为一个社会空间，有学者甚至认为网络社会是一个具有新的社会存在方式的现实的社会。①在日益成形和完善的网络社会中，存在着群体的分化、权力的分野，也会出现话语的争论、情绪的表达，正如学者指出的，互联网世界是一个思绪激扬的世界②，与现实社会空间相类似，网络社会空间也存在着权力（包括管理权力与技术权力）、话语、思想（包括观念、思潮）、阵地等的争夺③。在争论和争夺的过程中，某些态度、观点会不断完善、强化，从而形成网民的某种思想倾向，进而形成网络空间的社会思潮。一旦网络舆情、网民舆论演变成某种社会思潮，其内涵的扩张性要求会促使社会思潮人士推动其传播与壮大，相比传统社会思潮，网络社会思潮更加注重话语控制权的争夺。④

然而，相对于现实空间，网络空间海量信息的呈现和各种载体的运用使网络注意力资源的稀缺性更加凸显，在此背景下，各种社会思潮的形成和壮大就需要有一些特别的模式、路径和策略。正如学者指出的，网络使社会思潮传播的各个环节都发生了巨大的变化，不仅加快了信息传播的速度，而且丰富了信息传播的内容，使社会思潮的传播、衍生及受众的群体都发生了深刻的变化。⑤某种社

---

① 童星、罗军：《网络社会：一种新的、现实的社会存在方式》，载《江苏社会科学》2001年第5期。

② 陶文昭：《互联网的社会思潮》，载《电子政务》2010年第4期。

③ 方付建：《论网络时代的社会思潮》，载《中共杭州市委党校学报》2012年第1期。

④ 刘凯：《网络思潮是把"双刃剑"》，载《学习月刊》2012年第12期。

⑤ 李爱平：《论信息化视域下用马克思主义引领社会思潮》，载《中国信息界》2011年第8期。

会思潮的形成无论是在速度、广度方面还是在深度方面，网络的作用都是传统媒体无法比拟的。①从当前网络空间社会思潮的发育、发展和传播来看，其与现实社会思潮的差异性日益显现。网络空间社会思潮争论激烈，各种阵地、人物等大力宣传社会思潮，试图扩大影响。

网络空间社会思潮的成长是一个日渐凸显的现象，综观目前的研究，虽然研究者关注了网络社会思潮的源头与特点②、载体与形态③、传播与调控④、引领与防范⑤等问题，但鲜有研究关注网络空间社会思潮如何形成、成长并壮大。当前研究的空白为本研究提供了空间，围绕网络空间社会思潮的成长和壮大的问题，本文在考察具体网络思潮成长轨迹的基础上，试图提出网络空间社会思潮的发展模式与成长策略。

二、 以"树立标杆和树立敌人"的方式构造思潮"山头"

在网络空间，面对浩瀚、杂乱、喷涌的信息，社会思潮需要"占立山头、举起大旗"，才能彰显自我存在。从当前思潮网站的发育方式看，网络空间社会思潮往往通过树立政治标杆和树立政治敌人两种方式抢占"山头"以构筑"阵地"。

（一）树立政治标杆

"师出有名"往往是行动作出的前提，为了提升思潮网站的合法

---

① 李鑫生：《互联网对社会的冲击、影响及其对策》，载《山东人大工作》2003 年第 3 期。
② 陈伟军：《互联网上的思潮激荡与利益诉求》，载《现代传播》2011 年第 11 期。
③ 方付建：《论网络时代的社会思潮》，载《中共杭州市委党校学报》2012 年第 1 期。
④ 钟志凌：《网络思潮的传播规律与合理性调控研究》，载《学术论坛》2010 年第 4 期。
⑤ 李玉娟：《用社会主义核心价值体系引领互联网多样化社会思潮》，载《武警学院学报》2008 年第 9 期。

性从而提升注意力和认同度,思潮网站会力求抢占政治、道德的制高点。第一,思潮网站将某些具有广泛认同的政治领袖作为旗帜,在网站的显著位置悬置领袖图像和标志,通过对政治领袖的言论、行为、著作的再宣传以及解密政治领袖的内部言论、特定行为等方式呈现思潮主张的合理性、正统性,或以某个领导人的思想捍卫者自居,实现对其他主张和思潮的批判。举起了人物大旗后,某些对特定政治人物具有强烈感情和极高认同的人士会关注这些思潮网站,部分人士进而成为思潮的坚定支持者和积极传播者。第二,思潮网站会提出一个具有广泛合法性和合理性的口号性标语,并将标语作为网站的题头或标识,利用这种口号性标语吸引网民的关注。从特点看,思潮网站选择的标语往往具有天然的符合普通民众要求和期待的特点,如公平、正义、平等、自由等。由于这些标语具有民众本位和草根主位的特点,因而能够引发广大的底层民众的认可。第三,思潮网站会刻意将符合底层大众期待的政见和主张通过特定思潮人物提出,并对这些政见或主张进行具体的描绘以展现美好图景,从而引起普通网民的遐想,这种遐想会促使底层人物认同这些思潮,并成为这一思潮的传播者和践行者。

(二) 树立政治敌人

"有敌人才能打仗","有竞争对手才会激发自我的斗志",社会思潮网站为了彰显自我的存在,也会采用树敌策略引起注意。一般而言,思潮网站往往以其他派别的思潮网站或者其他思潮的代表人士作为敌人。从思潮网站的具体树敌方式来看,一是对某些主张和政见相异的人进行批判,尤其是批判具有较大影响力的政治意见领袖,通过政治批判,既可以吸引网民注意力,也可以吸纳原本反对某些政治意见领袖的人士,从而扩充自我队伍;二是将其他政治派别和思潮力量进行捆绑,并以假想敌的方式制造政治敌人威力强大和日益团结的假象,形成一种政治危机感,既使得特定思潮的支持者更加团结并采取行动,也使得人们注意到其他思潮的攻击,从而减少对其他思潮的认同;三是对执政党和政府的某些方针政策及政治领导人进行批判,通过政治批判,吸纳具有反政府、反权威倾向的政治异见人士,从而在批判政党和政府的过程中实现各种边缘人士的合作,以达到"抱团取暖"的效果。

三、 以"紧扣热点和寻找典型"的方式补充思潮"养料"

社会思潮本质上是一种观念形态的思想意识。虽然社会思潮需要"干货",但思想的威力和精神的感召不能仅靠空洞的宣言和粗暴的说教,因而社会思潮网站一旦形成,为了避免思想和精神的悬空,需要借助外部的元素实现思潮的"落地"。当前,一些社会思潮的代表人物积极介入社会热点问题的讨论,介入现实,影响社会。[1]甚至随着网络上铺天盖地的新闻和消息,许多思潮不需我们自己去发掘,只要浏览与观察,即会被吸收与采纳。[2]从思潮网站的策略看,其"补充养料"实现"思潮落地"的方式包括紧扣热点和寻找典型。

(一)紧扣社会热点

在注意力资源日益稀缺的背景下,为了吸引网民的注意力,社

---

[1] 王业等:《2011 重大思潮调查报告——与 2010 年的对比分析》,载《人民论坛》2012 年第 3 期。

[2] 邱柏生、左超:《从社会思潮的影响特征看如何增强思想政治教育的吸引力》,载《思想理论教育》2010 年第 17 期。

会思潮网站会紧跟热点,如通过最新置顶、最新文章、"两日热点"、"网民热荐"等栏目追踪热点,通过对热点的解读来吸引网民注意力。第一,思潮网站会紧扣热点讨论议题,对某个时期讨论的执政思想、施政理念或社会精神等进行关注,并从特定思潮的角度进行解读和阐释,从而对公众的精神认知和政治意识产生影响,提升社会思潮的内在认同度;第二,思潮网站会从特定的角度解读热点事件,这种解读因为契合热点事件,往往能够吸引网民注意力,其内涵符合思潮主张的解读方式会扩大思潮价值和理念的影响力;第三,紧扣时政热点,思潮网站会刻意捕捉高层领导的发言和施政动向,从有利于传播特定思潮的角度解读领导言论和方略,从而使思潮的政治主张获得更大的威力。具体而言,思潮网站关注包括国企改革、占领华尔街、南海争端、食品安全等问题,涉足包括某个突发事件、特定历史人物或事件的纪念、热门影视、国际争端、某个争议的热点人物等热点,既有国内政治争论,又有经济政策评议,还有国际局势分析等。

(二) 寻找典型样本

为了避免社会思潮的空泛性和抽象性,社会思潮网站会将思潮宣传与特定地区的典型改革相结合。通过对改革样本的寻找与解读,从而给网民甚至大众一种特定地区正在推进和落实其思潮主张的假象。第一,通过对特定地区改革经验的阐释与解读,提升社会思潮的落地感,从而让人们信服某种思潮,在思潮网站中,有不少学者的文章以及网站开展的活动都是关于某个地方的经验、改革甚至创造的新模式;第二,通过对特定地区改革的分析与把脉,提出改革的方向与要点,从而提升社会思潮的指导力,让社会思潮的主张成为特定的地方政府政策,实现社会思潮对地方执政和施政的影响,从而扩大社会思潮现实存在的影响;第三,通过对特定地区改革的宣传,将社会思潮的命运与特定领导人相绑定,投下"政治赌注",力求未来获得更大的支持,如号召向某个地方学习、向某个领导人致敬等,人们对某些政治领导人的强烈关注会逐步延伸到对思潮网站的关注,实现思潮网站和政治领导的"双赢宣传"。

四、 以"构建圈层和吸纳草根"的方式扩大思潮"大军"

"人气"是网络时代各种网络载体都需要考虑的重大问题,社会思潮网站的成长和壮大离不开"人气"的汇聚。具有较高人气的思潮网站也是能够产生社会影响和政治压力的前提。从思潮网站的发展看,其汇聚人气的方式包括两种:一种是通过构建思潮圈层汇聚精英力量形成"思潮将帅团体";另一种是通过激励网民参与吸纳普通网民形成"思潮士兵队伍"。

(一) 构建思潮圈层

为了避免社会思潮力量的分散,思潮网站会通过各种方式凝聚思潮精英,从而形成思潮团队,构建有组织的领导力量。第一,将具有与社会思潮主张类似的学者网罗到思潮群体中,如特意为某些著名学者在思潮网站上开设博客,或者特意邀请某些学者在思潮网站上发表文章,引起特定学者的注意并促使这些学者成为特定思潮的宣传者、解读者和实践者。另外,网站还将某些著名思潮人物的文章汇编成文集供网民点击和阅读,以使网民方便、快捷地吸纳某些思潮人物的思想实质和观念体系。第二,通过定期的内部交流以构建熟人化、常态化的思潮圈。思潮网站为了吸纳核心力量,会通过定期的读书会、交流会等方式进行面对面的交流,通过这种交流使陌生化的思潮人物相互熟识,从而有利于开展思潮行动。第三,将具有相同倾向的网站设置为链接,从而使同化群体形成更大的联盟,构建更庞大的多圈层的思潮宣传队伍,如左派社会思潮网站在其页面上链接其他左派网站,这些网站会将群体极化效应发挥到极致。①

(二)激励网民参与

普通网民的参与是推动"思潮大军"形成与壮大的有效方式,也是激发网民长期关注的可行机制。在网络中,大众网民已经成为各种网络社会思潮的主导力量。②思潮网站为了吸纳普通网民的注意及持续关注,会刻意采取一些方式让普通的大众网民参与进来。一是置顶和编辑普通网民的主帖,即从大众网民中筛选发言具有一定理论水平的网民,并将这些网民的发言置顶或编辑成专题。由于这些网民的发言受到了意想不到的关注,他们会增加发言次数,并会努力将个人言论发布到熟悉的圈层,从而实现思潮网站和个人知名度的同步提升。二是回应某些网民的言论,即思潮网站有时刻意通过某些"思潮将领"对某些网民的言论进行回应,而被回应的网民会感受到被关注和被认可的快乐,从而发表更多的言论。由于思潮网站的回应具有倾向性和选择性,有些网民为了自我言论能够被更多地回应和认可,会刻意发表符合网站取向的言论,从而造成某种倾向的言论的极大增加,这种增加实质上是思潮主张的再扩大。三是通告活动推动网民参与,并获得某种归属感。如纪念领袖文艺节目及作品征集活动、律师评某个案件的活动、"红歌大家唱"活动、旅游

---

① 方付建:《网络空间社会思潮传播策略研究》,载《电子政务》2012年第12期。
② 方付建、王国华:《当代社会思潮:发展取向与干预方式》,载《长江论坛》2010年第3期。

活动、纪念历史事件活动、募捐活动等。某些活动还实行会员制,使网民生发出某种组织的归属感。

五、 以"实地宣传和媒体借力"的方式扩展思潮"能量"

社会思潮虽然利用思潮网站可以获得关注和影响,但其能量的更大扩展和威力的更多显现则需要"多兵种、多领地集合作战",通过大范围、广领域的传播和扩散以释放思潮的能量和威力。由此,思潮网站注重"以网站为根据地和大本营向外部突围",其突围策略包括"实地宣传"和"媒体借力"两种方式。

(一)利用实地宣传

网络社会思潮的主体生活在现实和虚拟两个相互交融的场域中,导致其发展横跨现实社会和虚拟社会。[①]思潮网站为了扩大特定思潮的认知以及更为广泛的宣传,会借助非网站载体、介质和力量进行思潮宣传。第一,思潮网站形成了内部的交流体系,包括以特定场所为主的交流会、读书会、联谊会、学术交流会等集体活动。在交流会中,特定的思潮人物会展开交流。在读书会中,思潮人士会通过对新出版书籍的解读以宣传思潮,包括新书推荐、新书点评、新书出版公告等。前来学习和听讲座的人士也会进一步了解相关的思潮网站,从而有利于扩大思潮网站在非网民群体中的认知度。第二,思潮网站中的思潮精英人物会到全国各个地方开展讲座,思潮网站会发布讲座信息并将讲座内容进行报道,这一将思潮人物与

---

① 刘波亚、郭燕来:《内涵·特点·路径:网络思潮的本质探析》,载《理论与改革》2012 年第 3 期。

网站捆绑的策略既可以让思潮人物在各种讲座中宣传思潮网站,也可以让思潮人物有更大的知名度。第三,思潮人物为了宣传需要,还会到各个地方进行实地考察、调研、交流、学习等,这些活动往往也是宣传思潮网站的契机。第四,为了扩大宣传范围,网站还实行了定向宣传策略,通过邮箱等平台向个人发送电子杂志,并与其他网站联合推出或出版书籍等。

(二)借助多样媒体

为了扩大思潮的宣传面和覆盖面,特定思潮以网站为平台,力求集合多种形态的媒体形式,以实现传播的无缝化、全面化和迅时化。有学者指出,网络社会思潮经常被广播、电视、报纸等传统传播媒介二次传播,产生放大效应。①从媒体使用来看,一是利用传统的宣传形式,通过书籍、杂志等提升宣传效果,如在书籍中,设置核心书目作为宣传特定思潮的主要途径,汇集最新图书、热销图书、经典著作、历史图书、艺术图书等,让网民在阅读书籍的过程中增加对某种思潮的认同。二是通过具有某种色彩或印记的实物宣传思潮主张,如领袖陶瓷像、文化衫、帆布包、像章挂件等。这些物件的销售既可以支持思潮网站的运营,也可以使某些网民获得某种直观的感受和体验,并通过直观的媒介物达到向周边人宣传思潮主张的效果。三是利用新型媒体如 QQ、微博等进行宣传,如建立 QQ 交流群,将最新文章发布到微博,引起更大范围的关注。另外,思潮网站也注重运用文字之外的直观材料宣传思潮,如热点事件图片、历史照片、宣传画、漫画、报纸扫描件等,通过这些照片或图片勾起网民

---

① 张晓永、孟德花:《试论网络思潮的预测和引导》,载《北京政法职业学院学报》2012年第 2 期。

的某种回忆或加深网民对某个内容的印象,从而使思潮能够深入网民内心,获得长期留存。

六、 总结与启示

随着科学技术的发展,既体现人际传播又反映大众传播的网络传播成为社会思潮传播的重要而全新的形式。[①]从当前网络空间社会思潮的发展动态来看,一些思潮网站已经形成较为多元的推动思潮发展、传播的方式,并且已经能够较为娴熟地运用自我创造或借鉴的方式推动思潮的成长和壮大。从目前的态势来看,一些思潮网站确实获得了较大的影响,甚至成为一些网民每日必览的内容,其不断彰显的正统化、大众化、联盟化、对抗化、泛在化特征使其政治威力和能量得到极大的释放,并形成实在化的影响。

然而,相对于网络空间社会思潮的主动宣传姿态和向外进攻策略,网络空间的意识形态宣传和主流价值传播相对薄弱,为了避免意识形态阵地的丧失以及构建网络空间中的意识形态和主流价值,意识形态和主流价值应该积极借鉴思潮网站的一系列方式并进行改进,以抗击网络空间的社会思潮。

---

① 王炳权:《论社会思潮的传播与调控》,载《学校党建与思想教育》2012 年第 15 期。

虚拟社区中的社会思潮传播与价值形塑

陈伟军*

互联网构建了一个新的符号化、影像化、超文本化的虚拟实在，改变了语言的呈现形式和表达方式，开启新的交往模式、社区群落和社会文化生态。网络空间可以视为一个相对开放的话语领域，各种社会思潮在其中萌动并快速传播。网络的超文本和链接，强化了符号生产和传播的能力，加速虚拟空间中的话语膨胀，为社会思潮传播提供了新的路径。借助搜索引擎，网民可以快捷地找到自己感兴趣的任何内容。网络正在迅速地创造新的思想交流平台，成为思潮、价值与意义生产的集散地。

网络空间结合虚拟实在技术，极大地延伸了社会思潮传播的通道，任何一种社会思潮都可以在网络中找到自己寄居的地盘。网络的虚拟性、数字化、匿名性、个人化、时空压缩性等特性，使日常生活以镜像的方式呈现出来，构建了一个由电子超文本营造的仿真世界。仿真的"虚拟社区"与"现实"世界的界线趋向消解，虚拟社区表达的利益诉求与现实世界的利益诉求大体是一致的，甚至比实际生

* 陈伟军，暨南大学新闻与传播学院教授，暨南大学海外华文文学与华语传媒研究中心研究员，研究方向为传媒文化、新闻业务和文化产业等。该文原载《浙江学刊》2013 年第 1 期。

活中的话语交流还要本真。新媒体技术创造了新的社群和价值、思想共享空间,让那些兴趣、利益相同的人联合起来,从而帮助人们建立一个全新的社会关系。在虚拟社区中,网络信息活动主体之间是如何进行意义生产、传播社会思潮的,引起了社会价值观念的哪些变化?如何正确认识网络中多样化思潮凝聚的不同意见、态度和倾向,合理引导社会价值观念?现有的研究对网络舆情非常重视,相关成果很多,但对网络思潮的研究却较为薄弱,全方位的深度审视更是缺乏。本文将通过对虚拟社区中社会思潮发生机制、传播方式及其影响的探讨,揭示虚拟空间背后真实的话语冲动、欲望表达和利益诉求。

一、 社会思潮在虚拟社区中的多向传播

网络空间已不再只是传递信息的工具,也并非一种幻想空间,而是用交互技术创造的虚拟现实(virtual reality),它与客观现实同构共生,是一个容纳了政治、经济、文化、社会、宗教等众多领域的电子场,这些领域紧密依存、相互影响,彼此穿越、多维映射。网络的人造世界里,对应着现实的社会环境、社会意识和社会心理,并以新的空间形式、叙述法则、话语结构和支配逻辑呈现出来。作为一定时期内传播开来的一种思想趋势或思想潮流,社会思潮既可以表征为意识形态层面的思想理论,也依托于较广范围内存在的社会心理。每一种思潮都有其产生的社会环境和心理依据,包含着一套观念和价值系统,以综合形式的社会意识影响着人们的行为方式。虚拟现实中的社会思潮传播,是无数网民个体选择意志、利益诉求的汇聚,个体的表达欲望和选择意志在价值观念的纠结、碰撞中相互交叉。一个社会的热点问题、一起重大突发事件,往往会吸引众多

网民关注进而形成社会舆论,加上"意见领袖"的推波助澜,起初还只是针对具体问题或事件的公众舆论就可能升级为社会思潮。

虚拟现实是计算机技术、信息技术对物理世界和人类心灵延伸的结果,它也被称为电脑模拟、人造现实、虚拟环境、扩展的现实、赛博空间等,展示了信息爆炸、思潮迭出、舆论杂陈的新景观。罗杰·菲德勒(Roger Fidler)认为,虚拟现实系统通过将用户表现为有生命的"化身",扩展了声音电话技术和互联网的两个基本特性——自发性和不具名的潜质。[1]正因为具备了这样的功能,网络中的热点事件、思想运动可以吸引大量网民加入,制造舆论声势。就像微软的首席工程师克雷格·芒迪(Craig J.Mundie)所说:"装载了Windows操作系统的电脑使得上百万的人们能够把他们的观点数字化,并广为传播。"[2]网络技术、信息技术为网络民主思潮打开了通道。典型的如厦门PX项目事件、陕西"周老虎"事件、云南"躲猫猫"事件、辽宁庄河千人市政府下跪事件、广西来宾烟草局长"香艳日记"事件等,对网络民主思潮起到了很大的推动作用。

虚拟现实是一个混沌、多维的超空间,充满了张力、困惑与矛盾。诸如精英与草根之间的分化、新富阶层与弱势群体的距离、民族主义者与全球化支持者的歧见、新左派和新自由派的论战,在这个世界性的网络中,无数个人思想融入其中,朝着不同的方向、目标发散,折射出现实社会的复杂、多元。媒介技术营造的新环境同样具有社会性,它能连接人们原先无法接触的个人和团体,也是社会思潮萌动、传播的新平台。虚拟现实形成的独特语言、程序和规则,

---

① [美]罗杰·菲德勒:《媒介形态变化》,明安香译,北京:华夏出版社2000年版,第155页。

② [美]托马斯·弗里德曼:《世界是平的》,何帆等译,长江:湖南科学技术出版社2010年版,第45页。

为社会心理释放提供了新的载体和模式。虽然网络缺少一些物理性的东西,例如邻居、建筑和城市,但是它为用户聚集在社区里、表达自我提供了一个真实的机会,为人们在网上寻找身份认同提供了数字化空间。霍华德·莱因戈德(Howard Rheingold)在《虚拟社区》(*The Virtual Community*)一书中指出,在互联网出现之前,社区是由那些在一起居住或工作的人们组成的。而对于那些上网的人来说,全球性的互联网就改变了这一切。不管人们在现实世界相隔多么遥远,那些情投意合的人都可组成自己的社区。①虚拟社区不是以成员数量多少来衡量的,而是取决于吸引受众的内容或话题,以及参与者相互之间的联系、反馈和互动,具有某种共同属性如特殊兴趣、思想倾向或文化身份的网民才有可能组成真正的虚拟社区。在小群体中活动的微博、博客作者和社会化网络的用户,同样构成一个社区,小群体中的沟通、互动可能会更多,成员之间也更容易达成共识。

人是生活在各种社会关系之中,生活在群体之中,社会学理论构想人们像在共同体里一样,以和平的方式生活和居住在一起。网络为人们提供了一个"想象"的社区空间,群体的形成变得异常简单,物理世界的种种限制松弛了,互联网为人们提供了更多的机会去寻找那些有着共同喜好、信仰和利益的人。互联网用户沟通越来越方便,腾讯便打造了中国最大的网络参与平台,最高同时在线账户逾数亿。虚拟社区中的团体,可传递各种各样的价值、主张和意见,为网民寻找自我的社会位置提供了传播途径。虚拟社区中的群体大致有两种类型:一种群体是在物理世界已经存在的,如同学、同

---

① [英]戴维·冈特利特主编:《网络研究:数字化时代媒介研究的重新定向》,彭兰等译,北京:新华出版社 2004 年版,第 22 页。

事等,他们通过网络来发展群体成员间的关系,如开心网、人人网等SNS网站上的好友虽然也是现实中的好友,但他们的交往彻底突破了地域的限制。社会思潮在这种特定的人群中传播,更能够相互感染。另外一种情况则是通过网络形成的新群体,由于某种共同的关注点而在网上松散地结合,社会思潮在其中的传播效果则很难检测。

因网络互动而形成的网上人际关系千差万别,是确定性与随机性、稳固性与动态性、必然性与偶然性等多种因素的复合。互联网为形成新型的思想性社区提供了工具性支持,网民可以在无限的范围内选择自己认同的东西,随时随地加入某些话题的讨论。而提供搜索引擎或目录服务的门户网站,有助于网民进行选择性阅读、互动。门户网站促进了信息流通,使网民在混沌无序的网络世界找到进入路径。互联网为逐渐衰退的传统的社会空间提供了一个替代场所,将人们联合到一个不受地域限制的新的兴趣社团中。虚拟社区不再要求地理上的毗邻性,而是通过创造新的社会联系、思想交换来扩大社区的地理空间。"尤其是围绕政治问题组织起来的社区,是通过共同的利益和信仰形成的。"①网络数字化、多媒体技术能够制造一种幻觉,导致用户之间产生亲密的面对面沟通的感觉。"人们抗拒个人化及社会原子化的过程,他们喜欢聚集在社群组织中,经过一段时间后,逐渐产生归属感,最后,变成社区及文化的认同。"②政治和其他利益已经转到网上加以呈现,而人们在网上的新体验和新观点也转到了现实世界。

虚拟社区中的行动或思潮,要达成基本一致的意志和精神,其

---

① [英]安德鲁·查德威克:《互联网政治学:国家、公民与新传播技术》,任孟山译,北京:华夏出版社 2010 年版,第 139 页。
② [美]曼纽尔·卡斯特:《认同的力量》,夏铸九等译,北京:社会科学文献出版社2003 年版,第 69 页。

凝聚力取决于参与成员的情感和利益强度。不同的利益主体在虚拟社区中寻找表达机制,各种"反思"的言论带有一定的情绪性和动员性,更容易获取受众。诸如医疗、教育、房价乃至改革开放等问题,涉及人们深层次的利益,网民踊跃发言,常常形成一边倒的舆论态势,进而发展为某种社会思潮。

信息化、城市化、全球化的发展趋势,使现代社会越来越转向"陌生人社会",人际传播革命也在悄然发生,人与人之间传统的血缘、亲缘和地缘关系慢慢淡化,逐渐转变成依利益或兴趣来结合新的社群,采用自愿结合、跨越地域、匿名隐身、流动频繁的传播方式。不同的利益群体和个人,纷纷进行在线信息发布,使用电邮、网站、QQ、博客和微博等手段,来发表见解、观点,传播社会思潮,在虚拟社群中获取支持者点击、回帖,进而延伸到更广的范围,影响公众舆论,或对政府施加压力。一旦有突发事件,BBS论坛、博客、微博中的民粹主义取向十分明显,表现为仇富、仇官、反智、反改革等价值立场。典型的如孙志刚事件、刘涌案的死刑改判、哈尔滨天价医药费事件、重庆"最牛钉子户"事件、贵州瓮安事件、上海钓鱼执法事件、湖北邓玉娇案、郭美美事件、广东增城新塘事件、温州动车追尾事件、汕尾乌坎村事件等,网民对社会不公正现象的痛恨、对底层弱者的同情,转化为对抗性的社会批判,汹涌的舆论席卷而来,成为一种民粹主义思潮。互联网并没有创造社会思潮,它只是消除了各种思潮传播的障碍,在电子界面自由地显示内容,以往被边缘化的声音越来越多地加入到群体对话中,这些声音在群体层面传递着社会各阶层的利益,在个体层面影响着观念和行为。

疆域宽广的虚拟社区是一个全球性的电子信息流空间,社会思潮呈现出高度多样化和多元主义趋势,它包括区域的、国家的和跨国家的元素。新技术提升了疆界跨越的能力,社会思潮跨国、跨文化传播的阻隔减少了。在互联网兴起之前，社会思潮跨国传播主要借助纸质媒体。现在，全球各种社会思潮经由不同的传播主体在碎片化的网络上播散，无休止地流向虚拟人群。中国人可以同时共享西方的各种思潮，新自由主义、新保守主义、新马克思主义、新帝国主义、政治精英主义、社群主义、民主社会主义和"历史终结"论，等等，交织在虚拟空间中。现实生活中人们反对的各种社会思潮，诸如极端个人主义、虚无主义、享乐主义、拜金主义等在虚拟社区畅通无阻，"我们的目标：向钱看、向厚赚""宁可坐在'宝马'里哭也不愿在自行车上笑"等雷人语言在网络中得到一些人的认同。过去，一些错误的、不良的或极端的社会思潮在公众中传播曾遭遇重重障碍，现在这些障碍被技术手段逾越了。互联网扩大了利益群体和社会思潮传播的途径，改写了政府、公民和传统媒体之间的关系，越来越多不同价值取向的社群产生，传统主流媒体对社会思潮传播和公众舆论调控的难度加大。各种分散的社群，延伸、增补了真实世界里的社会思潮，引出前所未有的价值交流、思想共享方式，带来观念变革和思想挑战。

二、 虚拟社区中的传播策略及多重性主体

虚拟社区中社会思潮的传播，有着各种不同的源头，而且与特定的利益和文化身份相关联。境外的媒体、政治势力和非政府组织，国内的知识群体、网络社团、宗教团体、利益群体乃至特定的个体，将人权、民生、政治、经济、法制、道德和宗教等各种现实问题放到互联网上讨论，为多样化的社会思潮传播制造舆论。互联网全方位扩张，一些经典的传播概念也要转化。以议程设置理论为例，以往一贯是由大众媒体设定议题、引导思潮，但现时大众也可以通过

博客、微博、视频网站等自主媒体影响媒体议题、传播社会思潮，所以日后的议程设置理论是由"媒体告诉人们想什么议题"，变为"人们告诉媒体他们关心什么议题"。美国的一项研究结果支持这个理论的演化，发现新闻网志对议程设置很有影响力。[1]这样，网络社会思潮就可能得到传统媒体的回应，形成某些议题，辐射到广泛的社会阶层。

虚拟世界与真实世界的互动，使得各种机构组织、非正式的集体和众多个人都在扩展其线上传播策略，在网络上以电子邮件、聊天室、论坛、个人主页、博客、微博、MSN、QQ 或短信等方式形成一个社群，社群成员借此进行沟通，传播信息、交流思想。QQ、MSN等即时通讯工具彻底改变了思想交流模式，网民可以更方便地实现在线的即时交流，甚至可以满足深度讨论的需求。公共事件往往是社会思潮传播的助推器，网民可以通过更换头像、改变签名档等方式表明自己的态度和立场，也可以通过转发网络传单的方式实现网络民意的发酵汇集。2008 年春天，愤怒的中国网民用 QQ、MSN大量散发"反藏独、抵制家乐福"的网络传单，各种支持北京奥运、反CNN、表达民族主义声音的网络衍生品也大规模涌现，数以千万计的 QQ、MSN 用户将头像换成红心，有网友干脆把网络头像改成"红心＋CHINA"的图片。这种自愿、自发的虚拟社区统一行动，将公共问题以极其醒目的方式议题化，促使各方加以关注。

网络社会思潮的传播者，主要是学者、媒体工作者、自由撰稿人等，虚拟社区的出现给知识分子提供了志趣相投的空间。学者型个人网站、个人主页、博客、微博、学术公共网站、学者沙龙等，成为学

---

① 鲁曙明、洪浚浩主编：《西方人文社科前沿述评·传播学》，北京：中国人民大学出版社 2007 年版，第 45 页。

术和思想交流的场域。各种社会思潮代言人的主张、观点,都可以在网上搜索到。很多门户网站和 ISP 服务商都提供免费个人主页空间的网站,一些知识分子建立了个人网站或个人网页,他们只需掌握简单的网络技巧就能够在网上拥有自己的空间,轻而易举地把思想和观点传播给许多人。个人网站中蕴藏着丰富的思想资源,来自各种不同的生活背景的人都在利用个人网页来积极地表现他们所设计的虚拟的自我。个人网页的出现,使知识分子群体的展示和沟通大为增多。"每张网页都是潜在的社区。它们受到对其内容感兴趣的人的关注,而那些人也可能有兴趣彼此交谈。绝大多数情况下这个社区会保持潜伏性,要么是因为读者间可能的联系太弱,要么是因为看同一页的人在时间上有太远的距离,或许还有其他原因。"[①]作为一种新的联系纽带,网页等虚拟社区以离散的、无中心的组织形式和架构,基本上消除了意见分歧者难以继续下去的因素。而社会思潮传播的效果,很大程度上取决于其个人的知名度和网站的影响力。

然而,思想性的个人网页若长时间不更新,便会失去对网民的吸引力。博客网站则改变了互联网的面貌,因为它给普通用户提供了一个让个人发表意见的平台——一个灵活的、动态的、互动的网站,而且这个网站更新频繁。博客日记"零编辑、零技术、零体制、零成本、零形式"的"五零模式"将个性传播的自由度推向了极致。[②]特别是移动博客、微博的出现,借助手机等终端,信息交互更简便快捷,并能随时随地实时互动,使各种思潮、思想得以扩散到更大的社

---

① [美]克莱·舍基:《未来是湿的》,胡泳、沈满琳译,北京:中国人民大学出版社 2009年版,第 64 页。

② 方兴东、胡泳:《媒体变革的经济学与社会学——论博客与新媒体的逻辑》,载《现代传播》2003 年第 6 期。

会空间。当然,无数的个人博客、微博并不涉及社会思潮,很多博主只是随大流卷入博客热,或情绪性地进行个人宣泄。博客、微博也传播错误和谬误,尤其当趣味相投的人彼此交流时。网络为另类表达提供了渠道,各种奇思怪想充斥其中。"在文化领域,人们对奇思怪想却毫不节制。传播媒介的任务就是要为大众提供新的形象,颠覆老的习俗,大肆宣扬畸变和离奇行为,以促使别人群起模仿。"①个人主义思潮、享乐主义思潮、拜金主义思潮、消费主义思潮等,都具有很强的吸引力。

　　在数以亿计的网民中,除了主动发声的知识分子、网络博主外,大多数人只是收发电子邮件、浏览新闻或在网上闲逛,受社会思潮的影响亦有限。这些网民在无主题的讨论场所中,随意闲聊、漫无目的,大多谈及的是日常生活中的一些琐事,毫无意义可言;即使是在有主题的讨论场所中,参与者也经常"王顾左右而言他",抛出不相关的话题,甚至在讨论区中搞恶作剧,例如《一个馒头引发的血案》《中国队勇夺世界杯》《闪闪红星之潘冬子参赛记》《东北人都是活雷锋》"小胖""杜甫很忙"等"恶搞"视频、PS图片、另类歌曲和文字层出不穷。"恶搞"现象是后现代主义思潮在虚拟社区中的变体,表现为调侃、戏仿、戏谑、反传统、玩世不恭、追赶时髦、盲目模仿等多种方式,网民在游戏、轻松的姿态中张扬否定主义、虚无主义,颠覆权威,挑战主流文化秩序。

　　人们对虚拟社区及社会思潮的认同度、归属感和重视程度,体现在链接上。而链接的功能,与网络的超文本属性有关。超文本是一个动态的链接系统,里面所有的文本都相互关联。网站的链接越

① ［美］丹尼尔·贝尔:《资本主义文化矛盾》,赵一凡等译,北京:生活·读书·新知三联书店1989年版,第36页。

多,被人们点击的可能性就越大,得到新链接的机会也越多。通过研究网页间的链接关系,可以发现同一社会思潮在虚拟社区漂浮的踪迹。以超文本的开放性为基础,同样兴趣、思想观点的博客相互链接、评论、收藏、转载,传递思想信息,表达价值认同,实现博客间的深层互动,推动社会思潮传播。一些社会思潮的代表人物,其博客的访问人次,博文的阅读、评论、转载次数,都达到惊人的数量。如新自由主义思潮的代表人物张五常,他在新浪网开设的博客访问人次数以千万计,其博文阅读次数通常是数千,有的达数万。博客的人气,在一定程度上表明了一种思想的影响力。因为大量网民介入,原本局限于学术界讨论的一些话题在社会公众中广泛扩展。

博客上的信息是相互链接和支持的,它们以一种随机而又异常复杂的方式联系起来,形成一种得以访问海量信息的引导和召唤机制。特定社会思潮的网络文档,倾向于链接具有同样思想主张或相似内容的文档。相同思潮的发言人,可以建立相互链接、相互访问的稳定的朋友关系。在彼此的关联中,隐含了推荐和肯定的态度。博客用户之间的多层次互动,拓宽了思想交流的途径。他们可以参与合作型博客主页的创作,即由多个博客共同创建的一个博客主页;也可参与博客群组的发言,博客群组是以个人博客主页为基础,根据特定情感、兴趣、思想倾向和不同话题而形成的网上互动群体。如新浪"圈子""网易部落"等便提供这种服务,这些网站中的博客主页与论坛讨论、邮件来往等功能相结合,博客用户可以建立自己的朋友圈,还可以参加各种兴趣小组讨论。研究表明,在博客圈中,博客群体的相互联系方式极为复杂。群体的形成不仅是多层次的,而且是有选择性的,群体成员间交往的频繁程度也千差万别。①博客

---

① 刘津:《博客传播》,北京:清华大学出版社 2008 年版,第 215—217 页。

社区动态、开放的结构形式，容纳了多种文化、价值和思潮，它们随着网民的步调、节奏而变化，折射了网民心灵的复杂性及策略的多样性。

网络社会思潮的传播过程往往是不确定的，虚拟社区的互动传播是一种重要形式。在虚拟社区中，网民的社会交往过程和社会流动过程经常是自发的，其思想观念或直接或间接地受到虚拟社群的影响。虚拟社群的形成，不具有强制性，成员身份公开性与匿名性并存，群体规范所能产生的约束力也是较小的。与物理社区关系相比，线上关系可能更短暂，更不持久且更容易退出。海量信息本身并不是问题，网民会根据自己的兴趣进行选择性过滤，撷取他们最认同的看法，通过网页、博客、微博等阐发自己对世界的意见，将有相同认识和观点的人聚集在一起，构建起虚拟社群，吸引更多的点击或链接。

虚拟社区中主体的多重性以及思潮的多样性，创造了新型的网络文化。从传播模式看，传统媒体的传播主要是一对多、点对面的传播，借用传播学者马克·波斯特（Mark Poster）的术语，是一种播放型传播，是一种树立中心意识的传播；而网络媒体的传播，除了一对多的传播模式外，还有一对一、多对一、多对多的传播模式，这是一种去中心化的传播。①网民流动多变的特征，塑造了多维度的价值取向。实用主义、解构主义、虚无主义、无政府主义、道德理想主义、新自由主义、民主社会主义，各种思潮交错杂陈。

虽然有的网民以匿名的方式游走于网络空间，但是大多数人在这个数字领地里是为了释放社会性的需求和想法，表现更真实的自我、主体性，或者多重身份。在虚拟世界中，自我是辐射的、分散的、

---

① ［美］马克·波斯特：《第二媒介时代》，南京：南京大学出版社 2000 年版，第 44 页。

多样的，并且不断变换着脸谱。网民的这种参与特性，与戈夫曼（Erving Goffman）理论中的"角色扮演"相类似。戈夫曼指出，个体的角色扮演主要是通过同"角色他人"，即同相关参与者的一连串特定交往的社会情境而发生的。角色中的一个个体所具有的这些各种各样的角色他人，被称为"角色丛"。"角色分析中的一个基本假设是，每个个体都将卷入到一个以上的系统或模式中去，并因此而扮演几个角色。因此，每一个个体都有几个自我。"①网民在虚拟社区中的行为，便带有自我呈现和表演的性质，可以同时外化为几个社会角色，他们接触的各种价值规范、各种社会思潮之间有一种兼容共生、不相冲突的关系，每一次角色转换、观念转换都与另一种特殊类型的角色他人发生关系。不能将网民视为社会思潮的被动接受者，虚拟社区是多向的沟通体系，网民根据自己特有的心理倾向、思想符码来发送、接收社会思潮信息，信息的原初状态是文本结构的松散和多重意义的混杂。

　　网络中的社会思潮很难被凝固为特定时间及空间中的思想符码，它们随着交流语境、运作策略及传播意图的变化而呈现为各式各样的形式。虚拟社区是一个重要的话语制造空间，为网民的心理实践提供了新的语境，创造出群体交流以及思想传播的新逻辑。由于网络使社会节奏加快，一些社会问题会迅速升温，成为人们关注的热点。有的社团便围绕此类问题或议题而建立，以施加压力、动员民众为宗旨，致力于短期的目标；与这种特点相适应，这些社团往往在较短时间内形成暴风骤雨般的力量，掀起舆论的轩然大波，收到立竿见影的效果。像企业改制、下岗失业、暴力执法、强制征地拆迁、群体上访、"三农"问题等，与民众利益密切相关，同时也牵动人

---

①　[美]戈夫曼：《日常接触》，冯钢译，北京：华夏出版社 1990 年版，第 72、77 页。

们敏感的神经,对公众舆论形成和社会思潮传播有着放大作用。一旦这些问题或议题消失了,原有的话题或思潮将寻找契机重新组合。所以,虚拟社区是社会思潮高速运转的地域,各种力量竞相博弈、瞬息组合而又快速消失。分散化、多样化的赛博空间,孕育了一个个碎片化的"话语共同体"(speech community)。[①]在这里,成员学会了新的可接受的传播标准,了解它们的类型、内容和解读方式,了解这里的象征符号、语言、期望以及其中的意义。成员的心态调整、观念变化可能是突然的、戏剧性的,也可能是微妙的、缓慢的,它在任何时间里发生。

三、 网络社会思潮的"信息过载"与群体极化

网民在虚拟社区中对自己所关心的各种话题,诸如公共事务、公众人物、价值观念、意识形态和历史评价等,在网络论坛、聊天室、博客、微博等发表各种议论,形成话题,凝聚人气。而一种思潮的形成,必须是分散化、碎片化的议题得到一定程度的理论归纳和提升,形成系统的主张,并通过舆论领袖公开表达具有强烈冲击力和影响力的意见,产生认同性观点集合,获得广泛的回应,并遵循一定的规律互动。

网络思潮的激发,有它自己的语言、规则和契机。一般网民并不一定读完某个论坛中的全部帖子,而是阅读最新的几页或一页。通过搜索引擎,网民可以搜索到其他网页中相同的关键词,或借助扩展激活(spreading activation)的原则去搜索相类似的观念。网络

---

① [美]帕特丽夏·盖斯特-马丁、艾琳·伯林·雷、芭芭拉·F.沙夫:《健康传播:个人、文化与政治的综合视角》,龚文庠、李利群译,北京:北京大学出版社2006年版,第200页。

社会思潮对人们观念的冲击,不是立竿见影地引起根本性变化,它对网民的影响是逐步递增、放大的。在特定的语境中,无数网民可能迅速被卷入某种思潮。这一契机常常跟重大突发事件、群体利益纠纷、敏感问题等联系在一起,触及社会的深层矛盾,因而能与社会心理构成广泛的共鸣。像"维权""反腐败""保卫钓鱼岛""保卫南沙群岛""抵制日货"等,都曾在虚拟社区中成为舆论热点,与民粹主义、民族主义等思潮纠结在一起。近年来,尤其是民族主义思潮在网络空间十分引人注目,它与现实热点事件、焦点问题结合在一起。往往能在短时间内积聚人气,引来各方关注,有论者将这种社会现象称为"网络民族主义"①。像人民网强国论坛、新浪网军事论坛、爱国者同盟网、中国 918 爱国网、龙腾中华网、anti-cnn(反 CNN)、中华网、铁血网、中国人网、环球时报论坛、强国网、天涯国际观察板块等网站、论坛,众多网民聚集其中,或显性、或隐性地表达民族主义情绪和思想。网络民族主义言论具有很强的感染性、动员力,激进的主张表征为网络民意之后,甚至会给政府决策带来一定影响。如人民网强国论坛是 1999 年 5 月 8 日中国驻南斯拉夫大使馆遭导弹袭击事件发生后开办的,开始叫做"抗议论坛",显而易见,是为了向霸权主义表示中国青年的愤怒而设立的。因为是由《人民日报》设立的缘故,一下子成为青年人向上层和外界传达自己声音的地方,迅速成为中文第一论坛,也为民族主义思潮传播提供了一个重要的舞台。经过十几年的发展,现在强国论坛的热门话题,都涵盖在中华民族伟大复兴的醒目主题之下。

　　网络社会思潮的扩展,也会营造出舆论声势,有时可能成为少数利益群体的"宣言书",导致网络话语权的失衡。"网络论坛中网

---

① 朱学勤:《这一年:基于自由的创造》,载《南方周末》2004 年 12 月 31 日。

络炒作、网络营销、网络水军、网络打手现象泛滥,各种现实利益驱动下的网络舆论操控在网络论坛中很严重。"①互联网带来了人际沟通、大众传播的质变,拓宽了人类交流、表达的场域,但它对主流文化建构也蕴藏着潜在的挑战。"由于网络是多重的,在网络之间操作的符码和开关机制,就变成塑造、指引与误导社会的基本来源。"②尤其是电子"暴徒"的出现、错误或极端思潮的泛滥,会对核心价值体系造成很大冲击。网络化逻辑导致某些特殊社会利益集体常常通过虚拟社区表达自己在现实中无法获得满足的利益需求,即通过网上跟帖、网上签名、网上请愿等形式,将自己的意见表达出来,试图利用互联网自身的科技特性去达到政治目标。互联网加速了利益群体、社会思潮和社会运动走向融合的趋势。虚拟社区是一个充盈着异质性的平台,它接收、存储、检索、转换和发送无穷尽的信息,构成一个杂乱、不确定、混沌的系统,各种社会思潮自我复制、自我发展、自我传播,指向各自的价值体系和社会文化目标,甚至涉及政治组织模式和社会重组模式。虚拟社区呈现出新的集体表象,强化着多元符号和意义循环机制,无数的信息泡沫在其中漂浮、裂变直至消失。

虚拟社区中信息过多过滥、思潮混杂错乱,多数网上表达充斥着各种声音、言论,夹杂着各种情绪、心理。信息的自我复制、快速繁衍,将导致"信息过载"(information overload)的危险。错误的信息、不良的思潮给知识创新、主流文化建构制造大量的噪音。如拜金主义、享乐主义、消费主义思潮在虚拟社区中有着大量拥趸,攫取

---

① 尹韵公主编:《中国新媒体发展报告(2011)》,北京:社会科学文献出版社 2011 年版,第 6 页。

② [美]曼纽尔·卡斯特:《网络社会的崛起》,夏铸九、王志弘等译,北京:社会科学文献出版社 2006 年版,第 435 页。

金钱、刺激感官、享受快乐、奢靡消费、满足虚荣成为一些网民追求的目标。万花筒般的网络世界中广告、美容、游戏、旅行、交友、奢侈品等充斥其间，网民可以想象出一个虚构的世界，幻想得到非现实存在的东西。随意浏览我国的一些博客网站、网络论坛，我们就可以发现更多的网络利益集体与社会思潮的融合，他们就共同的问题发表看法，形成相互声援、与现实循环的话语系统。虚拟社区成为人们的生活环境，在这一匿名的公众领域中，真实与虚拟的分界线消失，个人利益与群体利益之间的差异变得模糊不清。网民被卷入各种思潮之中，未必都是理智的。特别是在大规模的线上交流、互动中，语言被滥用、思想被简化的现象经常存在，理论形态观念、思潮的复杂性，被缩约为行动工具语言的合理性，将现实生活中潜隐、郁积的矛盾冲突通过传播而引起受众强烈、广泛的共鸣，造成群体极化。

网络结社，让人们更容易重复相同的词语、阅听志同道合的言论，推动一种社会思潮的传播。虚拟社区中聚集起来的成员，他们彼此链接、相互声援，强化既有的信念，感情和思想采取同一个方向，他们自觉的个性消失了，形成了一种集体心理。谈到观念的转变，有一种所谓的"引爆点"现象。流行潮突然全面爆发并让一切产生戏剧性变化的时刻，可以称之为"引爆点"。[①]引爆点是质变来临前的关键一点，如同沸点和临界点。流行潮同其发生的语境、条件、时间和地点等密切相关，由于特定契机的引发，某种社会思潮带来的观念、信息和行为方式，在虚拟社区中会像病毒一样地传播和流行开来。分散的网络系统能够快速地整合信息、聚集用户，通过观

---

① ［美］马尔科姆·格拉德威尔：《引爆点》，钱清、覃爱冬译，北京：中信出版社2006年版，第18页。

念互动、情感感染等方式来逐步让受众产生价值认同,使他们的感觉、情绪和思想为这个象征性的空间和媒介化的社区所吸引。网络世界中的社会思潮,更多地被贴上了情感化的"标签",以有效地把思想主张、象征性形象与人类情感和经验联系起来。詹姆斯·罗尔(James Lull)认为:"爱、恨、恐惧、希望、欢乐、忧伤、厌恶:所有激情在电子媒介里发挥着良好的效用。"①情绪化的宣泄、简洁有力的断言、实时的互动交流,令网民更容易在心理上产生共鸣,在头脑中产生特定的价值倾向和认同。群体效应使社会思潮的影响力扩大,其中蕴含的信念、主张和情绪蔓延至更广的范围,共享的观念将原本互不相干的群体维系在一起。

网络思潮虽只是流行一时,但也不会完全消失。一旦具有引爆的契机,某种思潮又会卷土重来。每一个个体都有各自的关注点,都是互动的主体。虚拟社区特定的场所,给成员提供了许多"归属经验",个体的意识选择、重组和解读信息的能力,汇入集体实践。成员根据对自我身份的定位,开始按照需要扮演自己的角色,以期获取社区其他成员的赞许和认同。网民对某种思潮深层认同,便会成为"积极受众"(active audience)。网民受众的积极性表现在三个基本方面:对社会思潮文本的个人诠释,对社会思潮的集体诠释,以及集体的社会政治行动。以网络为媒介传播社会思潮引发的集体行动包括两种形态:第一种是纯粹发生在网络空间,这一虚拟世界的集体行动,可以称为"在线集体行动"(online collective actions),包括了网络舆论、网络黑客、网上签名、网上公祭等。第二种以互联网为媒介的集体行动则同传统集体行动一样,发生在现实世界,可以称

---

① [美]詹姆斯·罗尔:《媒介、传播、文化》,董洪川译,北京:商务印书馆 2005 年版,第 197 页。

为"离线集体行动"（offline collective actions）。从表现形式来看，离线集体行动就是传统集体行动，不同之处在于其媒介变成了互联网。①虚拟社区中某种思潮大规模扩散并引发集体行动，必定有其结构性的诱因，或者是由社会结构衍生出来的怨恨、剥夺感、压迫感，或者是促发社会运动产生的催化因素，如引发冲突的一些突发事件，意见领袖为之推波助澜，等等。例如民粹主义思潮激发的道德愤怒和仇恨，就在虚拟社区中经常掀起波澜。

在经济快速增长、舆论环境日渐宽松、个体自由程度提升的信息时代，社会各个从属系统的活跃性也不断加强。人的需要和欲望被激活，个体不断追寻自我利益的实现，这导致他们与外界发生互动，同他人建立社会联系。互联网不仅是一个思想表达的载体，也是政治和社会行动的场域。虚拟社区中的内容和流量是很难控制的，网民可以自由地穿梭于其间，获得来自独立渠道的任意信息，想法相同的人能很快找到对方并聚集起来。1995 年中国只有 10 万上网者，1997 年这个数字是 62 万，1999 年网民上升到 400 万。截至2012 年 6 月底，中国网民数量达到 5.38 亿。加入网络的人越多，网络就越有用，各种文本自由传播的通道就越多。监管机构虽然竭力过滤错误、腐朽和反动思潮文本，但信息还是得到多向的传播。如民族分裂主义思潮和宗教极端主义思潮通过虚拟社区宣传煽动、发展成员、联络指挥，甚至策划群体行动。海外的政治反对势力也利用网络进行渗透，传播蛊惑人心的观点，扰乱人们的视线。一些人将民主、自由、人权等理念包装成"普世价值"，渗透到具体的网络事件、议题、视频和网络游戏等文化产品中，颇具迷惑性。

---

① 蔡前：《以互联网为媒介的集体行动研究》，南昌：江西人民出版社 2009 年版，第 8—10 页。

四、 在自由的虚拟社区中形塑核心价值观

虚拟社区集合了正面信息和消极信息、在线范畴和离线范畴、个人追求和集体目标、美德和邪恶等多样化的因素,如何防止网络被滥用,是一个棘手的难题。托夫勒(Alvin Toffler)指出,任何国家都竭力设法维持政权,谁掌握了信息,控制了网络,谁就将拥有整个世界。当工业革命带来了大众传播媒介,国家就发明了思想控制的新形式。同样的国家将通过新的电子基础设施来寻求新的工具和技术手段,来对传给人民的某些形象、想法、信息和意识形态加以某种控制。没有什么社会能够容忍完全的信息自由。[1]在哈贝马斯(Jurgen Habermas)看来,交往的本质就是理解,而理解的目的在于达成共识。现代社会的主要问题来自多元化主体交往关系的扭曲。为此,就应"把达到理解为目的的行为看作是最根本的东西",而"达到理解是一个在可相互认可的有效性要求的前设基础上导致认同的过程"。[2]虚拟社区相对异质,是一种"弱控制"的场所,"新传播技术发展的方式似乎特别有利于西方的价值和文化形式,其中包括个人主义和个人的自由"[3]。多元化的传播者、开放的传播渠道、复合式的传播形态将网络世界分裂成许多子文化系统,网民用自己的语言、代码以及生活方式创建着这些文化子系统。虚拟社区必须建构起自身的价值准则和文化身份,形塑核心价值观,防止过度利益化、

---

① [美]阿尔温·托夫勒:《权力变移》,周敦仁等译,成都:四川人民出版社 1991 年版,第 342—343 页。

② [德]哈贝马斯:《交往与社会进化》,张博树译,重庆:重庆出版社 1989 年版,第 1、4 页。

③ [英]丹尼斯·麦奎尔:《麦奎尔大众传播理论》,崔保国、李琨译,北京:清华大学出版社 2006 年版,第 115 页。

政治化及反社会倾向的思潮在互联网上恶性膨胀，避免在线暴力、仇恨和越轨行为。

　　虚拟社区多中心的传播主体，增加了核心价值体系整合传播世界的难度，降低了分享经验的程度。凯斯·桑斯坦（Cass Sunstein）指出，一个共同的架构和经验，对异质的社会来说是很有价值的。而当我们有无数的选项可以选择时，我们常会放弃某些重要的社会价值。①诚然，群体极化未必完全是坏事，它让许多重要的价值得以实现，包括公民维权运动、两性平权运动等。思想观念的多元也并非全然消极，不同社会思潮的碰撞能够推进观念更新和思维范式转换，避免片面和专断。但是，在多样化思潮自由传播的虚拟社区中，同样必须确立主导性的声音，以社会主义核心价值体系引领社会思潮，用灵活的手段和策略对虚拟世界进行舆论引导，倡导正确的价值导向，构筑健康、和谐的网络环境，为广大网民提供精神支柱。这就需要对虚拟社区中的社会思潮传播进行合理的调控。

　　一是扶持重点网站，设置议题和框架，传播核心价值观念，巩固马克思主义在意识形态领域的指导地位。大力发展中国特色网络文化，着力建设好包括中央和地方的一批重点网站，整合资源，构筑有广泛影响力的思想文化传播平台，努力宣传科学理论、传播先进文化，并以此主导"网络民主"的发展方向与进程，在各种噪音、杂音的传播中凸显主流意见的说服力，用正面声音消解各种错误、不良观点的消极影响。如人民网的"观点频道""强国论坛"，新华网的"新华言论""发展论坛"，有效地发挥了价值导向功能，抢占了思想观念传播的高地。2008 年初，46 家网络媒体联合发起"感动中国人

—————————————

① ［美］凯斯·桑斯坦：《网络共和国》，黄维明译，上海：上海人民出版社 2003 年版，第 70 页。

物"网络评选,评选活动每年举行一届,候选人按事迹分为"贫贱不移,富贵不淫,威武不屈,自强不息,矢志不渝,见义勇为,诚实守信,尊老爱幼,爱心奉献,拾金不昧"等十大类。类似活动对弘扬民族精神、时代精神具有积极的意义,也说明了主流网站踊跃加入到建设社会主义核心价值体系的行列。重点网站要做好对热点、难点问题的释疑解惑,为网民澄清思想上的模糊认识。采用置顶、专题等方式,反映主流的认识和价值观,规范喧嚣无序的网络讨论。通过技术手段控制错误思潮的传播,"封杀"某些敌对势力网站。虽然,技术的控制往往容易挣脱,人们可以通过代理服务器来绕过关卡,但更重要的是筑牢主流思想文化阵线,提高网民自觉抵御错误思潮侵蚀的能力。

二是发挥"意见领袖"的价值引导功能。网络思潮对网民的影响,通常体现在版主、作家、学者、媒体工作者乃至自由撰稿人等网络"意见领袖"思想、观念、主张的传播上。"意见领袖"的话语辐射对象,既包括普通网民,又有颇具影响力的其他"意见领袖",且"意见领袖"之间关系密切、互动频繁,共同左右着舆论风潮和思潮流向。网络研究者注意到,近年来,随着社会矛盾有所加剧,"意见领袖"的价值立场发生明显分化。①在虚拟社区开放性的、快速变动的空间,现实利益的深层调整不断重构着话语权的归属。"意见领袖"在网民中享有一定的威信,对他们接受某种思潮、形成价值判断有很大影响。政府及相关部门要转换思维方式和角色范型,团结"意见领袖",积极与他们沟通,以包容心态对待"异质思维",发展"网络统一战线",孤立打击极少数真正的敌对分子。同时,官方网站要积

---

① 祝华新、单学刚、胡江春:《2010年中国网络舆情新生态》,载南方报业传媒集团新闻研究所主编:《南方传媒研究·第二十八辑:年度记者》,广州:南方日报出版社2011年版,第210—211页。

极培养网络评论员队伍,理顺网络舆情收集与反馈机制,把握思潮动态,在多元中树立主导,维护社会主义核心价值体系,培养主流文化认同的"意见领袖"。

三是提高虚拟社区的自我管理能力。社区中成员的相互交流是自愿性的协作关系,在这种互动中,网络自发形成了一些大家共同遵守的行为规范和礼仪。约翰·帕夫利克(John V. Pavlik)指出:"随着互联网虚拟社区的产生,它的自我监控系统也慢慢发展起来。跟任何其他社团一样,它有自己的价值体系和规则,那些违反'网络礼节'的人马上会遭到网民们不客气的惩罚。这样的惩戒可能小到其他网民轻描淡写的口头官司,也有可能大到遭到数字袭击,相当于是一次电子的聚众围攻或者是虚拟形式的私刑。"①如维基网站允许任何使用者添加材料、编辑和删除先前使用者的材料,体现了网络民主和网民自治。由于故意破坏者在数量上不可能超过希望维基百科运作的人,所以维基百科能够运作。②网络自身结构中的内部民主,每一个用户都有机会参与和分享,同时又相互监督、协助审查,在一定程度上能形成其自生秩序,达成与公共性要求相适应的均衡。目前,大多数网站、论坛、聊天室以及 QQ 等即时通讯软件具有审查功能,网络供应商和网站版主可以根据敏感程度设定参与讨论的成员不能使用哪些词语,预先过滤掉包含有敏感词汇的言论,还可能通过封杀 IP 地址阻止违规上传者,有时也会阻挡或删除个人电子邮件和即时消息。一个虚拟社区一旦形成,大体能够保持自我平衡。而这种注重合作、共享有用思想资源,强调网络机

① 〔美〕约翰·帕夫利克:《新媒体技术》,周勇等译,北京清华大学出版社 2005 年版,第 32 页。
② 〔美〕凯斯·R.桑斯坦:《信息乌托邦》,毕竞悦译,北京法律出版社 2008 年版,第 169 页。

构和网民个体的自我调节正是后现代控制观的体现。

然而,完全依靠个体"自律"、网络自我治理实现虚拟社区的无害化是不现实的,如果缺乏必要的监管,群体价值会陷入极大的混乱。每种手段都有它特有的控制力,但孤立地运用一种手段都难以达到理想的目的。技术手段是经由过滤软硬件系统实时扫描,瞬间阻断不良思想内容网站;而道德自律是人们在心灵中筑起防线,自觉拒绝有害信息;法律、行政监管和综合治理措施,则建立起规训与惩罚机制,以更好地保证网络信息有效传播目标的实现。加快建立法律规范、行政监管、行业自律、技术保障相结合的管理体制,多样化的手段并举,构建起虚拟空间思想环境整体的优化机制,提升主流文化的聚合能力、共享能力,帮助成员社会化、形成自我、获得个体身份,建立起共同的价值观和规范,在尊重民意正常表达的同时,防止错误、腐朽思潮出现局部爆炸性传播,营造积极、健康的网络思想环境。

网络民粹主义的躁动：
从虚拟集聚到社会运动

陈 尧[*]

进入 21 世纪后，中国的互联网发展日新月异。在公共生活中，网络所具有的信息开放、独立表达、平等互动等特性，与民主精神天然地联系在一起，推动了互联网转变为民主、参与的平台。网民借助互联网提供的虚拟社区、论坛、公共聊天室、博客日志、新闻跟帖、网站投票系统和电子邮箱等，进行网络表达并形成网络舆论。但同时，在一系列网络公共事件中，逐渐滋生了一种网络民粹主义的极端思潮。网民针对现实中的不平、不公现象进行声讨、发泄不满、提出抗议，直至情绪失控，整个网络空间被非理性的声浪所吞没。

网络民粹主义席卷之处，充斥着语言暴力、人身攻击、煽动话语，甚至从网络进入现实，掀起群体性事件，对社会产生了极大的冲击。近年来，随着中国在改革开放和社会经济深入发展过程中遇到的问题和矛盾日益增多，作为一种思潮的民粹主义借助互联网而再次以新的面貌出现。网络技术的发展，直接推动了网络民

* 陈尧，政治学博士，上海交通大学国际与公共事务学院教授兼中国城市治理研究院研究员、博士生导师，研究方向为民主理论与民主化、比较政治、政治学理论。该文原载《学术月刊》2011 年第 6 期。

粹主义的产生。

一、 网络民粹主义与传统民粹主义之异同

网络民粹主义本质上仍是民粹主义,它不仅具有一般民粹主义的特点及其社会政治倾向,也具有自己独特的表现形式。

政治学界对"民粹主义"这一概念的理解笼统且含混。凡是代表人民、以人民的名义说话,广义上均可以归入民粹主义的行列。保罗·塔格特指出,民粹主义者的"人民"概念作为一个基本的统一体,被视为一个缺乏基本分化的单一实体,是统一的、团结一致的。[①]阿伯茨和拉曼斯在分析民粹主义的特征时,同样强调了作为整体的人民的核心地位:一是在"人民"与"精英"之间构成一种敌对关系,认为政治应该是人民意志的表达;二是要求恢复人民主权,支持直接民主,相信民主应当从人民中获得权力,拒绝代议制原则;三是"人民"被认为是一个"同质化的整体",它只有一个声音,人民应当联合起来推翻既有的政治秩序。[②]一直以来,"人民"这一术语意味着在数量上占据绝对多数,并凭借数量众多而被赋予了道德的或政治的合法性。

民粹主义最早起源于 19 世纪后期在美国南部和西部农业地区出现的人民党激进运动以及 19 世纪后期俄国争取"土地和自由"的民粹派运动。民粹主义者利用社会危机时期统治阶层与民众之间的矛盾,提出一些煽动性的口号和主张,以迎合民众的需要,获取民

---

① 〔英〕保罗·塔格特:《民粹主义》,袁明旭译,长春:吉林人民出版社 2005 年版,第 125 页。

② Abts, K. and Rummens, S., "Populism versus Democracy", *Political Studies*, Vol.55, No.2(2007), pp.405—424.

众的支持,并进行社会动员。中国学者俞可平总结出民粹主义的三种表现形式:作为一种社会思潮,民粹主义强调平民群众的价值和理想,反对精英主义,把平民化和大众化作为所有政治运动和政治制度合法性的最终来源,以此来评判社会历史的发展;作为一种政治运动,民粹主义主张依靠平民大众对社会进行激进改革,并把普通群众当作政治改革的唯一决定性力量;作为一种政治策略,它指的是动员平民大众参与政治进程的方式,强调诸如平民的统一、全民公决、人民的创制权等民粹主义价值,从而对平民大众从整体上实施有效的控制和操纵。①

传统的民粹主义由于沟通、传播方式的有限,不管是俄国的民粹派运动还是中国近代知识分子中间形成的民粹主义思潮,其影响均相对有限。互联网的出现,极大地改变了民粹主义的运行规律,催生了一种以网络为媒介的新型民粹主义。由于网络沟通或交往具有不同于传统社会交往的独特性,例如互动开放、全球性、自由表达、自由结社、构造和传播信息、挑战专业和官方的观点、瓦解民族国家认同②,使得网络表达以其消弭现实社会中权力、财富、身份、地位等的差异而赋予了参与主体的平等性,以其交往空间的虚拟性而推动了个性的解放,以其采用的超文本形式而提高了沟通的效率。在这种以无边界、分散式结构作为存在形式的互联网所构造的平台中,任何人都可以自由地发表观点和意见,从而构建出一个人声鼎沸、民情浩荡的公共舞台。

与传统民粹主义不同的是,网络民粹主义具有明显的非核心性——信息的开放式传播使得每个传播者既可能是"人民",也可能

---

① 俞可平:《现代化进程中的民粹主义》,载《战略与管理》1997 年第 1 期。

② Hague, B.N. and Loader, B., *Digital Democracy*: *Discourse and Decision Making in the Information Age*, New York: Routledge, 1999, p.6.

是"领导者"。如果说历史上的民粹主义带有地域性,那么在网络时代,民粹主义突破了地域限制而具有全国性甚至全球性的特点,因而造成的影响更大。相比传统的民粹主义,网络民粹主义的参与更为彻底、直接,因为它是分散型的,没有代表,没有机构,任何人均可以进行自由表达并可能获得无数人的回应。现实中的权威结构在网络中被彻底地颠覆,不论年龄、性别、经济状况、职业、社会地位等,几乎所有的差异均消失了,唯一的区别就是每个人的言论,只有那些吸引眼球、抓住心理的话题才能获得关注。这也是极端的、偏激的甚至暴力性的表达容易吸引人们注意的重要原因。作为对社会不平等反映的仇富、仇官、反权力、反市场、反全球化等情绪,正是在这样一种网络环境中得到释放,并逐渐在网民的普遍参与中扩展成为与精英、政府和主流意识形态相对抗的民粹主义。这种非理性的表达及其所形成的舆论压力,无疑给国家、社会以及普通民众带来了极大的危害。

二、 底层社会的抗拒

网络表达具有匿名性的特点,使得人们在网络空间中具有不可辨识的时空位置和形态。网上交往活动表现为一种符号的互动。在符号背后,网民表达着各种真实或非真实的意愿、立场。在没有现实社会中的责任约束后,网络语言可以直接反映人们心中与现实社会中的言行截然不同的潜意识和内在冲动,这就往往表现为网民个体表达的非理性化。不仅如此,在网络空间中,某些特殊的集体心理推动网民个体的表达发生变异甚至扭曲,为网络民粹主义的滋生提供了良好的温床。在网络论战中,为了使自己的观点获得支配性地位,各方的观点往往趋于极端化、偏激化,从而出现一种"群体极化"现象。①在网络公共空间,由于偏好相似而结成的网络群体具有很强的同质性,这种同质性容易形成心理暗示并相互感染,最终产生极端化的舆论。在网络空间中,匿名性所导致的缺乏责任和约束机制进一步加强了集体无意识。勒庞曾深刻剖析过大众心理的集体无意识现象。他指出,在集体无意识心理中,异质性被同质性所吞没;群体是个无名氏,因此也不必承担责任,总是约束着个人的责任感便彻底消失了。②集体无意识的非理性带来的破坏作用是巨大的,"当集体无意识在更大的社会团体内积聚起来,结果便是疯狂,这是一种可能导致革命、战争或类似事物的精神瘟疫"③。在网络公共空间中,语言交流是无身份、无责任的,群体中任何人的具有蛊惑性、煽动性或偏激化的言论,都会有相当数量的人表示赞同。随着附和的人数的增加,群体内部不断强化着多数人的心理暗示,受到感染的人群便逐渐丧失自己的思考和判断,不自觉地卷入其中。当社会中一旦出现突发事件或公共事件时,网络公共空间往往会在极短时间内汇聚成压倒性的舆论,这就是集体无意识的反映。

　　然而,技术并非网络民粹主义形成的主要原因,网络无非提供了民粹主义表达的一个平台。历史表明,民粹主义总是伴随着某种社会政治危机而产生,例如严重的贫富分化、社会经济不平等、普遍的社会不公和政治腐败、政治信任的急剧下降,等等。网络民粹主义之所以在中国而很少在其他国家出现,根本的原因是当前改革开

---

① "群体极化"这一概念由美国学者凯斯·桑斯坦提出,是指"团体成员一开始即有某些偏向,在商议后,人们朝偏向的方向继续移动,最后形成极端的观点"。参见[美]凯斯·桑斯坦:《网络共和国:网络社会中的民主问题》,黄维明译,上海:上海人民出版社2003年版,第47页。

② [法]古斯塔夫·勒庞:《乌合之众:大众心理研究》,冯克利译,北京:中央编译出版社2005年版,第15—16页。

③ [瑞士]荣格:《分析心理学的理论与实践》,王作虹译,北京:生活·读书·新知三联书店1991年版,第46页。

放遇到深层次问题和矛盾和利益分化逐渐造就了"国家—精英—大众"的分层结构,精英与大众之间关系割裂甚至对立。改革的艰巨性和市场化取向客观上使一部分人出现"相对贫困化",沦落为底层并逐渐形成一个底层社会。①这一社会不同于过去的贫困人口,是由在改革过程中利益相对受损的人群组成。改革的深化不仅没有给予这些受损人群以适当的补偿,而且由于缺乏配套措施如社会保障,进一步恶化了这一人群的生存环境。在这种情况下,这一群体陷入一种生存环境恶劣且缺乏向上流动机会的失望境地。社会的失望是制造民粹情绪的催化剂。更令人担忧的是,在主导性政治话语和大众传媒的双重推动下,当今社会中弥漫着一种精英主义意识形态。这一意识形态强调,在改革中占据优势资源的精英是一群睿智创新、道德高尚的人,精英是社会财富、工作机会的创造者,是社会进步和福祉改善的推动者。与此相对应的是,在经济和政治上处于弱势地位的民众被认为代表着社会的累赘,是能力低下者、失败者。社会在遭遇利益受损、被主流舆论边缘化后又遭到来自精英的道德贬抑和挑衅,这无疑大大加剧了网络民意的愤激化、极端化倾向,激化了基于底层社会诉求的民粹主义情绪和"反智主义"倾向。备感压抑的底层社会及其代表者强烈地释放出长期以来要求社会公正的价值诉求,并被迅速释放到网络舆论的平台上。

在精英主义主导的社会改革中,网络民粹主义无疑是底层社会对社会利益结构失衡、自身利益遭受损害的一种"反抗",它代表了"沉默的多数"的利益主张。它在抵制精英霸权的同时,提醒人们关注改革过程的公正性和人民性问题。如果说最初的网络民粹主义是出于对社会公正缺失的一种自发表达的话,那么近年来关于改革

---

① 孙立平:《资源重新积聚背景下的底层社会形成》,载《战略与管理》2001 年第 1 期。

展开的大讨论,使得网络民粹主义逐渐找到了思想基础,并开始转向自觉化。

世纪之交围绕改革开放的反思中出现的自由主义与新左派的论战,为民粹主义提供了理论支撑。从一开始,新左派就以其对改革公正性的质疑而站在了道德的制高点。面对自上而下的现代化转型过程中出现的一系列社会问题及其不公正结果,新左派认为,一味强调市场自由的结果必然失去公正。在目前市场经济秩序不健全的环境下,自由放任只能有利于少数有钱有势者"剥削人的自由";"对于穷人来说,自由只是意味着'做奴隶的自由',因此自由主义者们奢谈自由是在帮助富人压迫穷人,穷人需要的是民主与公正。"①在效率与公平的关系上,新左派认为,造成当前中国社会两极分化和分配不公的一个罪魁祸首是"效率优先"的发展主义现代化道路,而这种发展道路正是自由主义所主张的,他们因此指责自由主义者为了效率而牺牲公平。②在关于市场经济中出现的社会不平等问题上,新左派批判自由主义是以形式上的平等来掩盖事实上的不平等,"自由主义者在赞扬市场时声称……只有市场才能把我们带到民主、公正的世界里去。但是,他们很少去指出名义上的机会均等与现实不平等的关系"。③由此,新左派断言,当前中国社会不公的主要根源是经济上的"自由主义"。针对改革过程中出现的问题和社会不公,新左派主张依靠直接民主尤其是经济民主、增加普通民众在经济领域的发言权来解决;同时,国家应在解决分配不公的问题上发挥更大的作用。

新左派这些激进的立场和言论,以其为普通民众代言的形象而

---

①③　韩毓海:《在自由主义姿态的背后》,载《天涯》1998 年第 5 期。

②　旷新年:《风与旗:90 年代的阅读》,载《东方文化》2000 年第 3 期。

得到相当一部分人的支持。民粹主义者旋即将新左派的理论奉为
圭臬,在网络上开辟自己的战场。在持续的反思改革和追求社会公
正为话题的网络空间,逐渐形成两股明显的民粹主义思潮——网络
批判现实主义与网络民族主义。前者是以国家内部的社会矛盾为
主要关注点、以反权威和反精英主义的底层姿态出现的社会思潮;
后者则是以反对全球化和反对西方国家为内容、以极端排外性的情
绪表达为形式的民族主义思潮。不管是批判现实主义还是极端民
族主义,两者在网络中迅速融合为一股民粹主义思潮,在逐步演进
过程中呈现出道德专断主义的色彩。

在网络技术的支持下,网络民粹主义迅速地蔓延。在任何一个
重大公共性事件中几乎都可以看到网络民粹主义的身影。

三、 网络民粹主义与社会运动

在某种程度上,网络民粹主义是普通民众对在现实困境的表达
受阻后所寻求的一种另类途径。作为对现实社会问题和权力支配
关系失衡的不满,网络民粹主义具有一定的合理性。它展现了普通
大众的力量,表达了来自社会的诉求,重申了改革过程中的公平性,
对改革的精英主义战略提出了批评,为自觉地反思和深化改革提供
了一个警示。网络民粹主义在推动政治廉洁和社会进步方面也作
出了一定贡献,通过揭露官员腐败、抨击社会不正之风,在很大程度
上加强了政府责任和社会正义,促进了社会责任和公共道德的
建立。

然而,网络民粹主义思潮的非理性、极端化的宣泄,也扭曲了网
络的理性思维和平等宽容。少数网民在缺乏对真相了解的情况下
针对公共事件随意发言、混淆视听,并往往借用弱势群体、人民大众

的名义进行利益表达、散布言论,故意制造大众与精英、民间与政府之间的对立,加剧了不同群体之间的对抗,激化了不同人群之间的不信任和仇视,在客观上造成了激化社会矛盾、分裂社会的后果。在特定的情况下,网络民粹主义容易被少数别有用心的精英分子所利用,在民主的假面具下实施多数人的暴政。网络民粹主义发展到极端就是网络暴力的普遍化。

如果民粹主义仅仅停留在网络,其负面影响是有限的。但是,在许多情况下,网络民粹主义并不满足于制造"网络集聚事件",因为仅仅通过点击率、跟帖或发言来表明观点、立场是难以满足民粹主义的现实关切的。在家乐福事件、瓮安事件、石首事件等重大事件中,民意已经不再仅仅停留在虚拟世界的表达、声讨和抗议,而是通过网络来联络、煽动、组织,使诉求和意愿得到具体化,以此来推动公共事件在现实中的蔓延、加剧。从这个意义上讲,网络民粹主义天然地具有与现实中的民粹主义社会运动相结合的冲动。

网络具有自发性、互动性、扩散性的特点,很容易转化为对社会的动员、组织。诺里斯曾经将互联网对政治参与的影响大体分为两类:一是动员功能,认为互联网的使用会导致新的政治行动;二是强化功能,认为互联网将强化(而非转变)既有的政治参与模式。[1]杨国斌更多地关注网络所具有的组织、结社的功能,认为互联网对社会的形成具有重要的作用:推动了一种新的政治行动即网络辩论,推动了社会问题的表达,对政治产生一定的监督;社会组织在网络上建立虚拟社区,有利于联络、组织社会活动;提供了新的抗议形式,可以传播信息、确定目标和制定战略、识别反对者

---

[1] Norris, D., "Who Surfs?", in Kamarck, E. and Nye, J. ed., *Democracy.com? Governance in a Net worked World*, New York: Hollis Publishing, 1999.

和组织抗议事件。所有这些,均以低成本、快速并且不招致个人严重风险的形式发生。①郁志学在研究了网络与社会运动之间的关系后指出,网络本身具有政治行动的特点,它能够触发政治行动的产生,并影响其进程;网络有能力将具有相似观点的人们联合起来集体行动;网络是一种有效的大众动员和组织的工具;网络民粹主义对政府的要求、工作重点和运行机制构成了威胁。②可见,网络不仅塑造了一种公共空间,而且其本身就已经构成了一种"集体行动",对现实政治生活施加了压力。

近年来,一些带有民粹主义性质的群体性事件具有明显的从网络民粹主义转化而来或受其推动甚至组织的特点。由于现实生活中公民维权活动遭到严格控制而具有风险,以网上抗议、签名等为形式的网络集聚事件便成为网民表达不满和要求政府采取行动的重要途径。相比现实的抗争运动,政府管理层对这些网络行为表现出了更多的容忍。这部分是因为网上的抗议行动对现实不构成明显的威胁,部分是因为技术上还无法完全消除网络集聚。网络民粹主义通过在网络上进行动员、组织、联络,制造了吸引成千上万人关注的网络集聚事件,在网络上向政府或社会施加一定的舆论压力。此时,政府的反应将构成特定的政治机会结构。③如果政府及其控制的网络管理者及时地进行阻断或疏导,就可能加大现实集体行动的成本。反之,政府采取置若罔闻、敷衍塞责或"宽容"的态度,网络集聚事件就有可能演变成具体行动,从虚拟转化为现实。在近年的

---

① Yang, G., "The Internet and Civil Society in China: A Preliminary Assessment", *Journal of Contemporary China*, Vol.36, No.12(2003), pp.453—475.

② Tai, Z., *The Internet in China: Cyberspace and Civil Society*, New York: Routledge, 2006, pp.285—286.

③ Tarrow, S., *Power in Movement: Social Movement and Contentious Politics*, New York: Cambridge University Press, 1994, p.76.

一系列群体性事件如家乐福事件、厦门"PX"项目事件中,网络民粹主义就在发起抗议(确定时间、地点、路线)、寻找目标群体、传播与抗议有关的信息、联络沟通、组织集会或游行等过程中发挥了重要作用,而地方政府对此的默认或处置不力也成为抗议得以发生的重要因素。然而,这样的政治机会结构在一般情况下不太可能出现,政府往往出于对政治稳定的考虑而实施严格的限制措施。郑永年和吴国光认为,尽管网络公共空间推动了社会互动和认同政治,从而有助于集体行动的产生。但是,如果一个集体行动被认为破坏了国家的合法性,就会遭到国家的阻止,这样一种行动注定会失败。为了避免受到压制,一些网络行动者采取了与国家合作的策略。但是,对大多数社会团体而言,比较可行的方法是采取一种"发出声音"的战略(由网络推动提出诉求,但不会对国家构成威胁):一是因为其风险和成本较低,二是因为它可以有效地推动国家政策的变化。[1]正是基于这样的考虑,多数情况下,网络民粹主义还是停留在虚拟空间,而未转变为现实的民粹主义运动。

四、 消解网络民粹主义之路径

鉴于网络民粹主义在传播敏感信息、动员群体性事件、组织集体行动中的功能,政府管理层制定了许多关于网络舆情的对策和管理措施,包括对热点问题比较集中的网站、网页、论坛等进行全面的监控,对有可能造成负面影响的信息进行过滤等来引导网络舆论。当然,如果网络管理部门认为有必要,网页、论坛甚至网站可能遭到

---

[1] Zheng, Y. and Wu, G., "Information Technology, Public Space and Collective Action in China", *Comparative Political Studies*, Vol.38, No.5(2005), pp.507—536.

关闭。但是,仅仅通过消极的政府管制来消解网络民粹主义显然是不够的。在保证民众诉求得到有效表达的前提下,政府应对网络民粹主义加以疏导,对民众关注的公共事件及时、客观地公布真相,积极地利用网络进行说服、教育和引导,尽可能缓解网民中间存在的极端情绪。同时,与现实中的伦理道德建设一样,政府和网站也必须加强网络的道德教育,健全网络伦理规范,培养网民的自律意识,塑造网民的独立、宽容、权利、责任等公共精神。针对网络民粹主义所产生的破坏性后果,则必须运用法律加以约束和惩处。

目前对网络民粹主义的遏制、监督和引导,在本质上与以往对民粹主义社会运动的控制方式并无差异,而且由于网络技术的发展,很难实现"无缝隙"的监控。说到底,作为一种思潮的网络民粹主义,其形成有着深刻的社会根源,它产生于一个社会的文化、心理、体制所构造的社会生态之中,不会因为管理层对信息、舆论的严格控制而平息。简单的技术手段不可能消除民粹主义滋生的社会基础。

消解网络民粹主义的消极影响,最根本的方法在于促进经济良性发展前提下的社会公平、公正。网络民粹主义在相当程度上体现了平民大众的诉求,反映出底层社会对当前社会分配结果的不满,其根源则在于改革进入攻坚阶段后,解决贫富分化和社会不公的配套措施相对滞后。

对于一个值得追求的和谐社会而言,效率、公正和秩序乃是三个既相互关联,又具有同等价值的目标。当效率和秩序得到基本实现时,体现公正的正义便成为首要解决的问题。"正义的主要问题是社会的基本结构,或更准确地说,是社会主要制度分配基本权利和义务,决定由社会合作产生的利益之划分的方式。"①正义之所以

---

① [美]约翰·罗尔斯:《正义论》,何怀宏等译,北京:中国社会科学出版社1998年版,第5页。

重要,是因为"即使在秩序良好的社会里,我们的人生前景也深受社会偶然性、自然偶然性和幸运偶然性的影响,以及受基本结构(及其不平等)使用这些偶然性来满足社会需要之方式的影响。……如果我们忽视人生前景中产生于这些偶然性的不平等,让这些不平等自动地发挥作用,而没有能够建立起保证背景正义所必需的规则,那么就不能建立一种公平的社会合作体系"①。另一方面,"虽然初始状态可能是正义的,并且后来的社会条件有时也可能是正义的,但是个人和团体所达成的众多分散并看来公平的协议,经过长时期的积累,其结果则非常可能会破坏自由和公平的协议所需要的背景条件",因而,"除非基本结构被不断地加以调整,否则早期各种财产的正义分配不能保证后来的分配也是正义的"。②这就需要通过合理的制度安排,使所有的社会基本善如自由、机会、收入、财富及自尊的基础,都能够被平等地分配。对制度的选择,"必须不仅建立在经济的基础上,而且建立在道德和政治基础上"③。也就是说,应当从最少受惠者的利益出发调节和处理社会经济利益的分配,尤其是利用差别原则来调整社会经济中客观存在的不平等,让每个人都有平等的权利分享基本利益以实现其自尊。

那么,在制度安排中如何体现差别原则?或者说在社会和经济利益的分配中如何实现最不利者的最大利益,确保经济领域的分配正义?关键在于进一步完善社会主义民主,深化政治体制改革。除了实行法治、加强对政府机构的监督外,还应完善普通民众和底层社会政治参与的途径,从各个层次、各个领域最大限度地扩大公民

① 〔美〕约翰·罗尔斯:《作为公平的正义——正义新论》,姚大志译,上海:上海三联书店出版社 2002 年版,第 89 页。
② 同上书,第 85 页。
③ 〔美〕约翰·罗尔斯:《正义论》,何怀宏等译,北京:中国社会科学出版社 1998 年版,第 251 页。

有序政治参与,畅通利益表达渠道。网络民粹主义的泛滥从一个侧面反映了现实社会中弱势群体维权艰难、民众诉求表达不畅的事实。网络的诉求表达与现实中的诉求表达之间存在着此消彼长的关系,当现实中的参与诉求表达不畅时,必然会将这些诉求分流到网络空间。因此,从加强民主建设的角度来保证社会经济发展过程的公平正义,才是消解网络民粹主义的根本路径。

中　篇

应对社会思潮极端

化的国际经验

保守主义时代美国公共教育
中的五类控制模式分析

陈露茜 *

在美国,20 世纪 80 年代是保守主义实现全面复兴与现代化的时代。保守主义复兴的一个重要议程就是要在全社会范围进行斗争,不仅要争夺经济的领导权,而且更要站在教育文化道德战线的最前沿。公共学校是保守主义在全社会范围斗争中最为成功的一个领域。本文将在卢克斯和加凡特的权力三维模型的基础上,分析 20 世纪 80 年代美国公共教育领域的控制模式。

从 20 世纪 70 年代开始,卢克斯和加凡特在总结已有的权力理论的基础上,先后提出了权力的三维模型:"明确使用权力""依托于无形力量"和"形成自觉"①。据此,本文将保守主义对公共教育的控制力分为以下五类控制模式。(见下表)

---

* 陈露茜,中国人民大学教育学院副教授,中国人民大学书报资料中心复印资料《高等教育》编辑,研究方向为美国教育史与教育政策分析。该文原载《教育研究》2014 年第 2 期。

① Lukes, S.M., *Power: A Radical View*, Houndsmills, UK: MacMillan, 1974; Gaventa, J., *Power and Powerlessness: Quiescence and Rebellion in an Appalachian Valley*, Urbana, IL: University of Illinois Press, 1980.

保守主义对公共教育的五类控制模式

层　　次	机制	控制模式
明确使用权力	强制力 经济支配 权威 劝告	官僚控制 专业控制
依托于无形力量	惯习 程序 规则	政治控制 市场控制
形成自觉	象征 常识	价值控制

一、 官僚控制

在保守主义使用的诸多控制模式中,官僚控制是最显而易见的一种控制模式,在教育领域,它属于内部控制力的一种。在权力三维模型中,政治控制属于"明确使用权力"的一级,主要是依靠经济支配力量以及等级权威的力量来实现控制。

官僚控制,一方面,它是一种运作于明确的规章和程序基础之上的等级权威结构,具有以下显著特征:它将全体员工分成较小的单元,权威和责任明显分离,人员聘用主要根据其技术和专业资格来确定,详细的规章制度对员工的工作方式进行了严格规定,确立科层晋级制度。在马克斯·韦伯描述的理想模式下,官僚控制是一种理性化的高效运作模式,高效是其本质特征与主旨。这是因为官僚控制不依赖于个人及其人格特征,而是完全依赖于常规化、非人性化的规章制度与集权化的权威等级,这极大地减少了个人对工作和组织运作效率的干扰,提高了工作的专门化、专业性、连续性和中央监督机制的力度。

　　但是，在现实环境中，要完全实现官僚控制的这种理想状态是不可能的，因此，现实中的官僚控制大多是僵化的。它将抑制组织体制内雇员的主动性和创造性；由少数人统辖整个组织，会使经济政治和社会权力高度集中于那些位居高职的人手中；还可能会使雇员产生过分谨慎的态度，极力希望维持现状而无意革新。也就是说，官僚控制的本质与主旨本身，既有可能保障组织效率，但同时又因为对身处其中的人们加强控制管理，从而降低组织效率。[①]

　　另一方面，它又是一种文化权力关系的典型。正如埃米尔·涂尔干所说的那样，如果同官僚制度打交道的人没有"采取特定的态度、习惯、信仰和定位"[②]，官僚制度就不能运作。对权威的合乎体统的态度，对专家合法性的适当信任，对所有的必要的准则和程序遵从的意愿，这些是权威持续的关键。因此，官僚控制并不是停留在中立的技术层面的，而是"一个伦理的建构，一个与道德和政府选择相关的术语"[③]。

　　官僚控制是一个"统治"的过程，它涉及"社会经济政治权力和权威关系的中心化和集中化"[④]，涉及"统治符号"的垄断与重组，其本质是关于权力和权威关系的创建、稳定和规范化。

　　在 20 世纪 80 年代，由保守主义意识形态主导的"全国课程"的政策文本的形成以及各个学科课程评价标准的出台，便标志着知识筛选过程中官僚控制的具体化。它通过形成从联邦政府—州政府—学区以及各级学科专业委员会的权威等级秩序，通过"让全州、

---

① 〔美〕戴维·波普诺：《社会学》，李强译，北京：人民大学出版社 1999 版，第 192—202 页。

② Curtis, B., *True Government by Choice Men*? Toronto：University of Toronto Press，1992，pp.174—175.

③ Apple, M., *Cultural Politics and Education*，New York：Teacher College Press，1996，p.54.

④ Curtis, B., *True Government by Choice Men*?，Toronto：University of Toronto Press，1992，pp.9—32.

全国能够广泛采用的目标"的设定,通过课程评价的标准化与中立化的伪装,使得官僚控制能够介入实现"公共利益"的全过程中,并打算通过严格的层级化权威等级制度让全州、全国的个体公民都对"真正的知识"达成统一的意见与理解。

因此,在"全国课程"的政策文本中,政府权力对"核心知识"与"共同文化"的维护与推崇,对代表社会主流与精英的知识观的保障,正是有赖于官僚控制。而要求建立全国性的教师职业准入制度和教师资格认证制度的主张,也是如此,它本身就代表了一种新型官僚控制的形成。

倡导教师资格证和职业进阶制度,表面的代表是专业控制权力的教师委员会和各级教师协会,而在背后支撑这类制度的合法性的却是等级森严的官僚控制程序。它以一种僵化的、静态的、标准化的、专业化的政策文本,打断了动态的、无法标准化①的个体教师自身职业的发展过程;它以一种规章化的形式,取代了个体教师自身能力不断充实完善的过程。

这样便形成等级化的知识和公共学校机制,形成"领导者和追随者的概念——带领我们又回到了分等级的智力和启蒙的概念"②,而保守主义站在这个等级制度的制高点,推动着高度层级化的知识等级和学校管理权威等级的建构与形成,进而彰显了官僚程序的控制力。

二、 专业控制

在明确使用权力维度中,还有一种控制模式得到了保守主义的

---

① ［美］迈克尔·阿普尔:《意识形态与课程》,黄忠敬译,上海:华东师范大学出版社 2003 年版,第 74 页。
② 同上书,第 86 页。

极力倡导,这就是专业控制。在公共教育领域内,专业控制主要是指运用教师专业支配力量、教师专业权威和劝告机制来实现控制,诸如文凭制度、培训机制和专业行为规范制度的构建等,它属于教育领域内部控制力量的一种。教师的专业控制最典型、最根本的特征就是专业自主、专业自治和专业自觉。所谓专业自主,是指教师能自主决定日常教育教学行为,能在专业领域内自主制定决策,而不受学校中其他控制机制的干扰。所谓专业自治,是指教师专业团体的自我管理和自我监督,不受"外行人"的控制,主要是让教师在人事聘用、任命、资源分配、监管、纪律、奖励等方面享有自治权。所谓专业自觉,是指教师对自己所从事的教育工作的专业性有清晰的认识,明确教师专业的特点和发展方向,形成坚定的教师专业信念和崇高的专业理想,主动维护教师专业的声誉等。

在 20 世纪 80 年代中期之前,美国教师在教学领域的专业控制主要是以福利主义或直接民主控制的形式展开的,这是一种高度集中的控制模式,这种控制力并不是由个体教师来行使的,而是与官僚控制杂糅在一起,直接接受层层向上的"公共权威"的领导。从 20 世纪 80 年代中期开始,保守主义提出了"赋权教师专业权威"的主张,美国的教师专业控制才越来越快地形成一股得到官方认可的、独立的、专门的社会控制力量。

实现教师的"专业控制"具有多重属性,在不同的政治议程中、在不同的政策背景下,它将产生截然不同的结果。[①]一方面,从抽象的"词语"形式上看,在公共学校系统中实现教师赋权,实现教师的专业控制力,无疑是具有积极意义的,将极大地提高教师的地位,发

---

① Whitty, G., Power, S., and Halpin, D., *Devolution and Choice in Education: the School, the State and the Market*, Philadelphia: Open University Press, 1998, pp.64—78.

挥教师的主动性和积极性,从而对抗僵化了的官僚控制,有益于提高学生成绩,实现学生个人的充分发展。但另一方面,在保守主义对"授权教师"的具体化过程中,它又被"公共权威"所利用,不得不与官僚控制合流,以控制教师,使得教师成了政策的对象,而不是教师专业的参与者,这就使得"教师赋权""教师专业控制"对教师个体而言成了一场"海市蜃楼"。保守主义倡导的所谓的"教师专业权威控制",实际上并没有给教师一种强烈的被赋权的感觉。在一些地方,赋权与分权甚至成了"以压力促管理"的一种形式。在那些所谓的"已经被赋权了的"被调查教师中,他们常常谈及劳累、易怒、消沉、睡眠不好、饮酒增多、偶尔在教师休息室哭泣以及因无暇顾及家庭而产生一种负罪感;教师们"无望地搜寻着点滴时间,以便将无限的活动安排到这点滴时间之中","匆匆地冲向厕所","急忙抓起一杯咖啡"。[1]而产生这种现象的原因是受到特定压力集团的影响,这证明"公共权威"本身才是最大的、最"斗不过"的"工会"。因此,保守主义倡导的"授权教师",实际上成了在"垂直分裂"的过程中从中央向单位个体转嫁危机的一种方式。[2]同时,在这个过程中,保守主义试图在市场驱动和消费者的选择机制下,建立起专业主义或职业主义的意识形态,并由此形成一套"一体化的专业主义"[3]来取代专业自主、专业自治和专业自觉,进而使得"授权教师""专业控制"成了"官方控制""集权控制"的另一种"更加优雅的说法"。

---

① Altbach, P. G., et al., *Excellence in Education: Perspectives on Policy and Practice*, Buffalo, New York: Prometheus Books, 1985.

② Whitty, G., Power, S., and Halpin, D., *Devolution and Choice in Education: the School, the State and the Market*, Philadelphia: Open University Press, 1998, pp.69—70.

③ Hatcher, R., "Market Relationships and the Management of Teachers". *British Journal of Sociology of Education*, Vol.15, No.1(Jan. 1994).

三、 政治控制

公共学校在很大程度上是由政府来组织和管理的,因此,从本质上说,公共学校是一种政治机制,其经费、资源都是源于税收并由民主选举产生的政府官员来负责分配或调拨的,这就是在公共教育领域滋生政治控制的温床。在权力的三维模型中,政治控制属于第二层次,即"依托无形力量"——西方社会普遍认同的民主选举、任命规则来实现控制。

政治控制的基本理念就是要把位于政治等级阶梯顶层——统治阶级的价值观强加给学校,公共学校制度的建立只是为了完成统治阶级希望完成的任务,因此,可以说,学校内部的一切事务——教育目标的设定、教科书的选择、教师的培训与任命、教学方式的考量、学费的厘定等,从本质上看,都具有强烈的政治性,都是由居于统治地位的政治家们来决定的。例如,对"全国课程"和"特许学校"的支持与肯定以及它们合法地位的获得,从根本来说,都来自国家的首肯。甚至连 20 世纪 80 年代保守主义教育改革的发起,都来自"天字第一号"。难怪伯利纳和比德尔不无讽刺地指出,《国家处于危机之中》只不过是一场"人造危机"①。

对学校而言,政治控制是一种外部控制力,是外在于教师与学生个体的。②政治控制是通过"职位—权力"的互动关联来实现的,

---

① Berliner, D.C. and Biddle, B.J., *The Manufactured Crisis: Myths, Fraud, and the Attack on America's Public Schools*, New York: Addison-Wesley Publishing Company, 1995.

② Clune, W.H. and Witte, J.F., eds., *Choice and Control in American Education Volume 1: The Theory of Choice and Control in Education*, New York: The Falmer Press, 1990, p.107;[美]迈克尔·阿普尔:《教育的"正确"之路》,黄忠敬译,上海:华东师范大学出版社 2006 年版,第 344 页。

其合法性来自"民主的"选举结果,是由各级地方教育委员会、各级学监、督学、联邦教育部部长等这些被选举出来的、代表着不同政党和利益集团以及意识形态阵营的"教育政治家"们来行使的。因此,在"教育政治家"群体中,他们必然遵循一定的规章采取行动来实现其代理人的利益。作为管理着公共学校这个社会公共部门的官员,他们积极扩大开支、扩展自己的权威和管理控制权,同时,他们也促使学校以外的势力对学校加以控制。虽然他们尽力将自己粉饰成"非政治化"的专家①,向往更美好的、更理想的、更理性的、更公正的教育景象,但实际上他们只是一些特殊利益集团的代言人,他们只是热衷于将公共教育正式化、程序化、规则化,并对其实施政治控制。另外,州议会与地方学区在学校经费与资源的划拨方面进行的激烈政治争论,可以帮助我们理解保守主义势力在公共教育领域内施加的政治控制。②由此可见,虽然保守主义曾激烈地批判现有公共学校中民主政治与科层制相勾结的现象,尽管保守主义都将公共学校中"大面积的学业失败"归结于此,但是极具讽刺意味的却是保守主义自身也彰显着他们所批判的政治控制力。

最后,由于政治控制本身具有不稳定性,随着一次又一次的民主选举的变化,某一个利益集团必然无法长久地保持其优势地位。因此,政治控制往往需要与官僚控制相勾结,用官僚控制的超稳定性结构来弥补政治控制的不稳定性,继而实现对社会、对学校教育的有效控制。

---

① Chubb, J.E. and Moe, T.M., *Politics, Markets, and America's Schools*, Washington, D.C.: The Brookings Institution, 1990, p.46.

② Spring, J., *Conflict of Interests: The Politics of American Education*, New York: McGraw-Hill Company, Inc., 1998.

四、 市场控制

对公共学校而言,市场控制属于外部控制力。在权利的三维模型中,它属于第二个层次——"依托无形力量"来实现社会统治与权力控制的。其合法性来自资本主义社会诞生以来就产生的对那只"看不见的手"——自由市场规则的信奉。

从内涵上看,自由市场是价值中立的,它是通过去政治化的策略来实现市场化与合法化的。市场控制也是在由许多彼此独立的个体在追逐个人利益最大化的过程中进行的资源交换来实现的。因此,保守主义认为,自由市场是"天然的"和"中立的",是靠个人努力和实力来治理的,它不受政治干预和官僚程序的影响,是建立在个体行动的理性选择之上的,所以,自由市场与市场控制是"积极的""中立的",是"有效的""消除了传统的阶级与种族偏见的"。[1]这就是保守主义要求以自由市场政策为核心,鼓励家长与学生个体进行消费式的选择,鼓励个人责任和学校的主动性,"削弱不胜任的、官僚的和寄生的政府的失效的手"的"字面"意义。

在社会现实中,虽然要求实现自由市场、实现"中立的"市场控制的愿望"并不见得有多好",却"也从来做不好"。[2]其原因就如罗杰·达尔提醒我们的那样,市场控制的实现方式是隐喻式的,它不是内涵式的,不是通过确立明确的行动指南来发挥作用的,而是外延式的,其本质就是要用市场的观念来再定义与再阐释"民主"。[3]

---

[1][3] Menter, I., et al., *Work and Identity in Primary School*, Philadelphia: Open University Press, 1997, p.27.

[2] Chomsky, N., *Profit over People: Neoliberalism and the Global Order*, New York: Seven Stories Press, 1999, p.7.

保守主义所谓的"民主","利用市场概念之伞,死死盯着这个部门。它建立了一些购物中心而不是社区。最终的结果是一个由那些感觉泄气的与在社会中处于弱势的无牵无挂的人所构成的原子的社会"①。因此,在自由市场的过程中,"那个与他或她的生存条件有着千丝万缕联系的工人被视作'消费者'",他们通过"不同于那些被视作'技能型劳动者'或不被视作'家庭主妇'的人的实践"参与到自由市场、自由选择的过程之中来,所有这一切都产生了实实在在的影响——牢固的市场控制的实现。在实际生活中,在存在的阶级、性别和种族冲突的美国社会中,从内涵上看,是"价值中立"的自由市场造成了实质性的差异,真实地进行着阶级、种族和性别不平等的再生产。②

充分享用自由市场的前提条件是充分地把握信息资源。与草根阶层的父母相比,"中产阶级父母更有可能拥有知识、技能和关系以分析和应付不断增加的复杂性和选择与招募的解职制度,接触管理越多越有可能使用非正式的程序";中产阶级的父母所拥有的"惯习"与在历史积累中形成的学校及其行动者所期望的"惯习"更加匹配,因此,"中产阶级更有能力让他们的孩子进出系统"③。也就是说,"存储于学校的文化资本在一个等级社会的再生产中起着过滤器的作用",表面上看是中性的、不偏不倚的"自由市场",实际上"再造了更大社会的经济等级制"。④由此可见,在自由市场的条件下,

① Chomsky, N., *Profit over People*: *Neoliberalism and the Global Order*, New York: Seven Stories Press, 1999, p.11.

② Hall, S., *Critical Dialogues in Cultural Studies*, New York: Routledge, 1996, p.40.

③ Tomlinson, S., *Educational Reform and Its Consequences*, London: IPPR/Rivers Oram Press, 1994, p.19.

④ [美]迈克尔·阿普尔:《意识形态与课程》,黄忠敬译,上海:华东师范大学出版社2003年版,第35页。

市场控制通过多种方式将经济资本、政治资本转化为文化资本越富裕的、所属社会阶层越高的父母,越有可能拥有各种各样的、正式与非正式的、充足优质的信息与技能,他们能够通过充分理性的分析,利用自由市场的结构与规则,为其利益服务。①而对于草根阶层的父母而言,市场控制则必然因信息和资源分配的不均衡而导致全面的不利影响。②这就进一步证明了市场控制的再生产机理。

在 20 世纪 80 年代,保守主义极力推崇的市场控制以及自由市场对知识传递方式的掌控,从本质上看,都进行着政治、经济、文化的再生产工作。因此,在由保守主义制定的公共教育改革的政策议程中,市场控制不再是一个去政治化的策略,而是一个与政治化密切联系起来的过程,在这一过程中,市场控制、政治控制、专业控制、官僚控制紧密地结成一个互相勾结、互相利用、互相证明的保守主义社会控制网络,进而服务于保守主义在世俗社会的征讨,彰显着保守主义所拥有的权力。

五、 价值控制

由于社会上一切个人与组织的行为都依赖于行为者的价值观念的形成,因此,价值控制不同于前面四种控制模式,它是保守主义所采用的最关键也是最根本的一种权力控制模式,官僚控制、专业控制、政治控制和市场控制从本质上说也都受制于价值控制。在权

---

① Tomlinson, S., *Educational Reform and Its Consequences*, London: IPPR/Rivers Oram Press, 1994, pp.20—22.

② [美]斯蒂芬·鲍尔:《教育改革:批判和后结构主义的视角》,侯定凯译,上海:华东师范大学出版社 2002 年版,第 155—156 页。

力的三维模型中,价值控制是居于最高级和核心的地位。价值控制依托的是"形成直觉"的力量,它通过"象征""神话""常识"等社会文化符号,通过对"通常是理所当然的社会现实不言而喻的描述"①来实现控制、表达权力。

价值控制从根本上达成整体社会的一致观念与认同,使得社会个体在"共同"的观念和"统一"的判断下为了"共同"的目标一起行动;它使得人们的"思考……沿着特定的语言——一种系统性的关注特定事实和智力的一定方面的组织形式——拟定的路轨,可能摒弃了他种语言所承载的信息。而个体并没有意识到这种路轨的存在,更勿论意识到他们早已被固定于其中"②。这就使得社会个体与控制着价值观的社会精英政治集团一起思考、感知和行动,完成精英政治集团的既定目标。③

价值控制是普遍地建立在广泛存在的常识概念基础之上的,它能使我们将其运用到日常的思维和行动中去。正是这些代表着价值控制力的"符号"的消解、拒斥,驱散了人们在主观认同上的差异性,并使社会个体的思想僵化,让人们自觉地借用"业已确立"的、经过精英政治集团再阐释的结论,而不对这些结论进行任何反思。④

以《国家处于危机之中》为肇始的保守主义教育改革与大辩论,实际上就是价值控制的表现形式:他们对"什么是真正的知识""什

---

① Fraser, N., *Justice Interruptus: Critical Reflections on the "Postsocialist" Condition*, New York: Routledge, 1997, p.153.

② [英]麦克·扬:《知识与控制:教育社会学新探》,谢维和、朱旭东译,上海:华东师范大学出版社 2002 年版,第 238—239 页。

③ Bobbit J.F., *The Curriculum: A Summary of the Development Concerning the Theory of the Curriculum*, Boston: Houghton Mifflin, 1918, p.131.

④ [法]让·鲍德里亚:《符号政治经济学批判》,夏莹译,南京:南京大学出版社 2009 年版,第 79 页。

么知识最有价值"的辩论,实际是保守主义在潜移默化地宣传、灌输保守主义意识形态与认识论、知识论规范。在"优异战争"中获胜的保守主义将其定义的"核心知识"与"共同文化"视为合法知识,"全国课程"的建立也进一步巩固其合法性与普遍性,而这些实际上都是保守主义试图巩固、增强社会现存的、保守主义的制度性安排;对"什么样的学校最有效能"的辩论,实际上是在推销保守主义势力试图在组织机构上施行"分权"的理念,试图建立"一个有进取心和竞争性的事业心的个体"和"消费者的民主的天堂"。①这些都体现了20 世纪 80 年代保守主义在全社会,乃至更广泛的领域内操纵着、支配着知识和传递知识的组织机构的价值取向。

综上所述,在保守主义的身后,我们看到了五类控制模式正在20 世纪 80 年代的教育政策中发挥着作用,按照其控制等级的逐级向上分别是:官僚控制、专业控制、政治控制、市场控制和价值控制。一方面,在前四类控制模式中是存在着矛盾斗争的,例如,专业控制和市场控制从理论上看都是反对官僚控制和政治控制的,官僚控制和政治控制也排斥专业力量和市场力量的干涉,但在现实中,它们则达成了妥协,形成了互相弥补、互相制约的控制网络。另一方面,是最后一个层级的价值控制,它将具有阶级性的、有选择的、有差别的精英集团价值观转变为无阶级的、共同共享共有的、无差别的大众文化价值观,例如,用"核心知识"作为"共同文化",而抹杀了共同文化原本要求的"为人们创造必要的条件去参与意义和价值的重建";用经济民主、"消费者"的民主、无控制的市场机制,取代了鼓励全社会共同参与、共同建构的政治民主原则,进而将保守主义意识

---

① Olssen, M., "In Defense of the Welfare State and of Publicly Provided Education", *Journal of Education Policy*, Vol.11, No.3(May 1996).

形态在精神世界的价值控制力与世俗社会的控制力——官僚控制、专业控制、政治控制和市场控制——联系起来,掩盖了保守主义所拥有的不平等的权力与控制的利益,并最终实现了保守主义统治权力的合法化。

20 世纪以来儒家文化在新加坡传播的政治解读

郭小香[*]

儒家文化在新加坡的传播时日已久,早在唐朝时就有中国移民来到新加坡,中国移民给新加坡带来了儒家文化。19 世纪 80 年代后,新加坡成为英国殖民政府的自由港,新加坡的华人劳工迅速增加,儒家文化的传播也日益迅速。20 世纪以后,越来越多的华人移民对儒家文化开始了自觉主动的传播,但也经历了不少曲折,可谓有起有伏,究其原因十分复杂,我试从政治维度对此传播过程进行分析。当前学术界对儒家文化在新加坡的影响一般持肯定态度,有相当一部分研究者则有夸大儒家文化对新加坡影响的倾向,我期望在从政治维度对儒家文化传播分析的基础上能对儒家文化对新加坡的影响作出中肯的评价。

一、20 世纪初新加坡儒家文化传播的高潮:1899—1911 年的新马孔教复兴运动

儒家文化在新加坡的传播最初只是一个无意识的自动自发的

---

* 郭小香,法学博士,北京外国语大学马克思主义学院讲师。该文原载《理论月刊》2015 年 10 月。

传承过程,这是因为早期来到新加坡的华人移民大多是没有受过教育的文盲劳工苦力。到后来,随着移民的增多和教育重要性的凸显,华人移民开始建立学校,19 世纪中叶以后,"义学"和私塾大量涌现。学校的出现,使得儒家文化的传播方式变成自觉有意识的主动传播,华人移民自觉传播儒家文化的热情日益高涨。1899 年在新加坡、马来亚更是爆发了一场声势浩大、影响深远的孔教复兴运动,史称"新马孔教复兴运动",这也是新加坡儒家文化传播史上的第一次儒家文化复兴运动。19 世纪下半叶,新加坡华人社会出现明显分化:在左秉隆等清朝驻新加坡领事的不懈努力下形成认同和思慕中国的移民阶层;受英国殖民政府所推行的西方文化和教育政策影响形成支持和倾向英国的海峡华人。海峡华人接受英文教育,排斥中国传统文化,对中国感情淡漠,不再视中国为自己的祖国,但和英国殖民政府关系密切,效忠英国并受到英国政府的重视。林文庆等有识之士为了使在西化路上欲行欲远的海峡华人重返祖国精神家园,发起了孔教复兴运动。

这次孔教复兴运动可谓内容丰富、形式多样,主要有倡立孔庙和兴建学堂,设立文社学会、创办报纸、改编并出版儒学读本《千字文》、纪念孔子诞辰等。这次运动不仅有新加坡华人林文庆、邱菽园等有识之士的大力参与而且得到清朝驻新加坡总领事馆的直接支持,事实上后者还是此次运动的重要领导者。在当时,英国殖民地政府并未设专门主管华人事务的机构,只是基于解决新加坡各种族之间矛盾纠纷的目的,实行了"分而治之"的策略,这导致英国殖民地政府对新加坡华人的管理非常松散,再加上其对华人权益的漠视并未被华人认同为其官方领导机构。而清朝驻新加坡领事馆的历任领事尤其是左秉隆和黄遵宪积极兴办华校、发扬儒家文化,极大地激发了新加坡华人的民族主义情感,并得到新加坡华人的拥戴和认可,从而被其看作心中的官方领导机构,这对清朝驻新加坡总领事馆领导此次孔教复兴运动奠定了良好基础。1901 年,清朝驻新加坡总领事罗叔羹在建立孔庙的预备会议上大力呼吁与会者支持孔庙建立,并公布了官方通告;1902 年,在代总领事吴寿珍的积极支持下,掀起孔教复兴运动的第一次高潮,成立"创建孔庙学堂董事会",并在短期内筹募到 20 多万元的创建资金。1900 年康有为、孙中山相继来到新加坡,促使这股儒学热潮进一步发展。康有为在新加坡尤其是华人中积极传播尊孔保皇思想,在他的影响下,新加坡成立了"中华孔教会",一时祭祀孔子的活动纷纷开展。孙中山则在新加坡建立了同盟会,振兴华报,常设华校,高扬儒家文化大旗。康有为和孙中山的加入,使这场复兴运动的政治色彩更加浓厚。第一次儒家文化复兴运动从 1899 年开始持续到 1911 年结束,在此期间虽然由于各种原因也曾跌入低潮,但总体上极大地推动了儒家文化在新加坡的传播和发展。

二、 20 世纪中叶新加坡儒家文化传播低潮中的盛事:南洋大学的建立

由于五四运动和抗日战争爆发的影响(前者直接提出了"打倒孔家店"的口号,后者则激起民族主义的高涨而削弱了对儒学复兴的关注),1899—1911 年的孔教复兴运动之后,儒家文化在新加坡的传播陷入长期缓慢状态。到 20 世纪中叶新加坡政府基于内政外交的特殊形势及发展经济的需要对儒家文化也持打压态度,但1956 年南洋大学(以下简称"南大")的建立又掀起儒家文化在新加坡传播继孔教复兴运动后的又一个高潮,可谓新加坡儒家文化传播低潮中的一次盛事。在南大建立以前,新加坡已建立完备的华文中

小学教育体系,但新加坡却没有一所华文大学。抗美援朝战争的爆发使美国为首的西方国家对中国采取封锁政策,中国与东南亚也处于隔离状态,因此新加坡的华校学生也不能像之前一样回中国接受高等教育。因为以前去中国留学的新加坡学生往往回国后担任中学教师,这就斩断了新加坡中等教育的重要师资来源,进而对新加坡中等教育的师资也构成重大威胁。英国殖民政府则扶植并建立了系统的英文学校,对华文学校不管不问,故"新马华文教育至此已面临存亡断续的危机"①,这使华文大学的建立成为亟须。在此情况下,新加坡华人开始积极筹办南洋大学,新加坡华人虽然热情高涨,但其建立过程极为艰辛曲折。英国殖民地政府一开始就表示反对,认定"南洋大学是华人沙文主义的典型表现"②,不愿意承认南大学位。其还以新加坡是殖民地只能建立一所大学,而之前已建立马来亚大学为借口,不批准南大的申请,南洋大学只得以"南洋大学有限公司"向政府申请注册。南大的建立基金全部来自民间筹款,上至富商下至舞女和三轮车夫均慷慨解囊,但却没有得到英国殖民政府的任何帮助。南大的创立还遭到马来族群的反对,如马来亚大学副校长薛尼肯以马来亚大学即将开设中文系为由反对南大的建立。不仅如此,南大还遭到讲英语的华人社群的反对。讲英语的华人社群在价值观、生活方式方面已经完全西化,对汉语和中国的感情非常冷淡,他们坚决反对南大的建立。在新加坡华人(主要是讲华语的华人)的多方呼吁和积极努力下,1956 年南洋大学终于得以建立,这对于儒家文化在新加坡的传播具有里程碑式的意义。南洋

---

① 黄金英:《陈六使与南洋大学》,载王如明:《陈六使百年诞纪念文集》,新加坡:南大事业有限公司、香港南洋大学校友会 1997 年版。

② 傅文义:《陈六使与南洋大学》,载李业霖:《南洋大学史论集》,马来西亚:马来亚南洋大学校友会 2004 年印。

大学以华语为教学媒介,将儒家文化作为重要的教育内容,它"是星马华文教育的最高学府。因此南大的创立,使新加坡华文教育建立了完整的体系。在东南亚各国中,只有新加坡才能够提供由小学、中学而至大学的完整的华文教育,使万千青年有享受中华文化洗礼的机会,进而从事贯通东西的文化"①。李光耀曾指出,"南大成了华族语言、文化和教育的象征"②,可以说南洋大学为儒家文化在新加坡的传播起到了至关重要的作用。

但令人遗憾的是这所凝聚了新加坡众多华人心血并被其寄予厚望的大学只存在了短短的 25 年。1965 年新加坡共和国建立,人民行动党成为执政党,但人民行动党政府并不支持南大的发展。语言问题一直是历届政府对南大发难的一个借口,人民行动党政府也不例外,1965 年随着《王赓武报告书》发表,南大被迫实行改制。改制之后,南大成为政府控制下的一所以英文为教学语言的大学,名存实亡。1980 年,南大终于在《丹顿爵士报告书》建议之下,与新加坡大学合并,称为新加坡国立大学。至此,"南大名为合并,实为关闭,奏完广陵散,一所最能代表民族精神的华文大学、中国海外第一所华文大学,与晋朝名士嵇康的古琴曲一样,成为人间绝响"③。

三、 20 世纪 80 年代以后新加坡儒家文化发展的新高潮:"朝野通倡儒学"

随着新加坡出口导向型外向经济的发展,新加坡政府基于经济

① 苏莹辉:《中国文化在星马》,载程光裕、许云樵:《中马中星文化论集》,台北:中华大典编印会 1968 年版。
② [新加坡]李光耀:《李光耀回忆录(1965—2000)》,新加坡:联合早报 2000 年版。
③ 傅文义:《陈六使与南洋大学》,载李业霖:《南洋大学史论集》,马来西亚:马来亚南洋大学校友会 2004 年印。

发展的需要对英语和西方文化越来越推崇,英语成为新加坡的通用语言,西方文化也得以在新加坡迅速传播。年轻人的西化倾向日益严重,西方价值观对新加坡产生了严重冲击,产生了种种问题,如道德滑坡、犯罪率居高不下、吸毒泛滥等。为抵制西方文化的腐蚀,人民行动党在 20 世纪 80 年代发动了儒家文化复兴运动,即第二次儒家文化复兴运动,这次复兴运动使儒家文化在新加坡的传播与发展进入一个新时期。此次运动的主要内容之一是在中学教育中设置了儒家伦理课程。儒家伦理课程从一开始就具有浓厚的政治色彩,它是在李光耀和吴庆瑞等新加坡领导人的支持下而设立的,如当时的新加坡副总理兼教育部长吴庆瑞亲自去美国纽约邀请著名的华裔儒家学者杜维明、熊介等到新加坡进行考察研究,这使其影响力迅速超出宗教知识课程的范围并扩大到社会层面。新加坡政府把儒家伦理教育的目标确立为培养具有高尚品格的新加坡公民。为对儒家伦理课程提供学术支持,新加坡政府成立了新加坡东亚哲学研究所,该所积极开展学术活动,曾多次主办高规格的儒学会议。在新加坡政府的号召下,新加坡的大众传播机构和民间社团也做出了积极回应。如新加坡图书馆建立了关于专门介绍孔子思想的中英文书籍的书橱,《南洋商报》和《星洲日报》两大华文报刊发表了大量与运动相关的社论,国际儒学研究会、"亚洲研究会""中华总商会"等社会团体也纷纷成立,这些社团积极开展儒学活动,进一步扩大了儒学的影响。1985 年,中文版的《儒家伦理》正式出版,并在全国中学得以普遍使用。1986 年 1 月,英文版的《儒家伦理》也正式在全国中学应用推广。这次以开设儒家伦理课程为主要内容的儒家文化复兴运动可谓轰轰烈烈,但宗教知识课程激起了教徒的传教热忱,因此宗教知识课程被迫结束,而 1990 年作为宗教知识课程组成部分的儒家伦理课程也随之结束。1991 年 1 月,新加坡政府发表

《共同价值观白皮书》，列举了五项共同价值观：国家至上，社会为先；家庭为根，社会为本；社会关怀，尊重个人；求同存异，避免冲突；种族和谐，宗教宽容。毋庸置疑，"五大共同价值观"是以儒家思想的整体主义价值观为核心，但这里的儒家思想已不是原本的儒家思想，而是根据新加坡的政治经济社会发展需要进行了现代性改造。显然，不管是人民行动党政府主导的儒家文化复兴运动还是共同价值观的提出，都是由政府主导的社会设计的自上而下的政策和运动，这些目标不是只关乎市民文化或素质的，而是政治性的。

四、 从政治维度来看 20 世纪以来儒家文化在新加坡的传播

纵观 20 世纪以来儒家文化在新加坡的传播史，新加坡政治态势的发展变化无疑是影响儒家文化在新加坡传播的最重要的因素之一。在一个社会中占统治地位的文化是统治阶级的文化，儒家文化在新加坡的命运就取决于它是否符合统治阶级进行统治的需要。儒家文化在新加坡的传播历程有力地证实了这一点。第一次儒家文化复兴运动的兴起及结束就取决于英国殖民者和中国的政治力量的较量。儒家文化与西方文化的异质性及英国殖民者对新加坡种族采取的"分而治之"政策使其对儒家文化持敌视和打压态度。中国的政治力量则基于不同的目的对这场复兴运动持支持态度：清朝驻新加坡使馆是为了增强海峡华人对于祖国的感情与认同；以康有为为代表的维新派和以孙中山为代表的革命派则因为在国内的失败才高扬儒家文化的大旗，把新加坡当作其"避难所"和阵地。维新派对这次复兴运动的影响尤深，在某种意义上可将这次复兴运动视为回应康有为的维新运动而政治化了的孔教运动。

新加坡政府对于南洋大学的态度亦是有着诸多的政治考量。

新加坡是一个文化、宗教、种族多元的移民社会,文化多元和种族分化是政治骚动的根源,为维护国家和社会的稳定,新加坡政府采取了文化整合的策略。文化整合策略主张各种文化平等发展,"人民行动党的政纲明确规定,不采用同化策略即不形成以华人为主的普遍认同,而是采取'求同存异'的策略,使不同的种族团体在政治上互相调整,保持自己的种族和宗教认同,同时忠于国家和社会的广泛利益"①。另外,新加坡的地缘政治也是其采取文化整合策略的重要原因。新加坡周边国家都普遍存在着种族紧张和暴力骚乱的状况,这些国家的国民以马来人和伊斯兰教教徒为主,尤其以马来人居多,新加坡如果以儒家文化对非华人采取同化政策,将难以在"马来海洋中"生存下去,而在国内也必将会招致其他种族尤其是马来人的抗议。因此,李光耀政府反对华族认同,严防出现"华人沙文主义"。李光耀曾指出:"新加坡华人一词含有沙文主义的因素。新加坡还有许多组织使用新加坡华人或华侨的名词。用这种名称登记的组织意在保护华人的利益,阻止其他种族加入。这些名词对民族团结是有害的。"②他还特别强调:"有一个严重的错误我们是不能犯的,那就是我不能为了一时愚蠢,单独强调华族的最高利益,让人借以指责我们,在东南亚或亚非国家里,把我们新加坡完全孤立起来。切不可忘记,我们还是一个新生国家,世界上许多国家正在密切注意着我们的言行动向。"③新加坡政府压抑儒家文化的另一个目的,就是想消除社会主义意识形态对新加坡的影响,因为新加坡的华人认同将会加强新加坡华人与社会主义中国的联系。同时,

---

① 陈祖洲:《从多元文化到综合文化——兼论儒家文化与新加坡经济现代化的关系》,载《南京大学学报》2004年第6期。

② [英]A.乔西:《李光耀》,安徽大学外语系、上海人民出版社编译室译,上海:上海人民出版社1976年版。

③ [新加坡]李光耀:《李光耀政论集·新加坡之路》,新加坡:教授书局1967年版。

淡化新加坡的华人认同,还将有利于新加坡脱离"另一个中国"的政治标签,并增强新加坡民众对新加坡的国家认同。李光耀曾宣称:"我们处于马来西亚人民的中心;尽管我国人口的百分之八十是华人,但我们不能避开我们的环境。一个复兴的中国已经不仅是东南亚各族人民仰慕的对象,而且也是恐惧的对象。"①

新加坡独立以后,威权政治是影响儒家文化在新加坡传播的重要因素。独立之初,新加坡是一个多个种族、民族构成的移民国家,各个种族、民族相互排斥和隔阂,缺乏凝聚力和民族缺乏认同感,为了维护新生国家,人民行动党不得不选择实行威权政治。人民行动党在经济建设方面取得的出色成绩及提供的高水平福利,尤其是大量提供公共住宅,取得了新加坡民众对其威权政治的支持。但在20世纪80年代以后,情况发生了变化:一方面,随着新加坡经济的快速发展和民众收入的提高民众对公共住宅的依赖度逐步降低;另一方面,随着经济的发展新加坡民众的民主意识也不断增强,对李光耀政府的"家长式"统治方法极为排斥和质疑,民众要求参政的呼声越来越高。在这一时期,新加坡的威权政治受到严峻挑战,这使人民行动党积极寻求各种手段来解决这一问题。人民行动党在对社会各方力量进行强力控制的同时,也在积极寻求软控制的手段。儒家文化所推崇家长制和服从观念能够从意识形态上淡化政治多元化,对威权政治起到了极好的维护和巩固作用。李光耀等人复兴儒家文化实际上是为了建立一种证明人民行动党威权政治合法性的意识形态。可以说人民行动党政府所引导的第二次儒家文化复兴运动以及提出共同价值观都不过是借儒家文化复兴之名来为人

① [英]A.乔西:《李光耀》,安徽大学外语系、上海人民出版社编译室译,上海:上海人民出版社1976年版。

民行动党的威权政治提供合法性罢了。

人民行动党政府主导了儒家文化复兴运动,但也亲手结束了它,这看似前后矛盾的做法其实也是基于政治考量。第一个考量便是儒家文化与中国性的关系问题,由于儒家文化源于中国,这便使新加坡很多人担心推行儒家思想教育会引起中国精神的过于宣扬,并由此担心新加坡会被其他国家视为另一个中国。其次,第二个考量是害怕儒家学说会对新加坡的民主制度产生消极影响。虽然新加坡实质上实行的是威权政治,但毕竟披着民主制度的外衣,而且新加坡的威权政治确实也蕴含有不少西方民主制度的因素。而人民行动党的核心人物李光耀也没有完全否定西方民主制度的意思,只是认为过分强调民主,会产生许多社会流弊。因此,人民行动党不能不顾忌儒家学说对于民主的一些消极作用。另外一个原因则是,对于儒家伦理课程社会上蕴藏着巨大的猜疑力量,这股猜疑力量主要来自新加坡的华人。参与筹备儒家伦理课程的华裔学者杜维明对此感受深刻,他在回忆 1982 年初访新加坡的经历时指出:"在那疲于奔命的十几天,我直觉的感受是身陷重围:儒学传统受到英文源流和中文源流两类华裔知识分子的夹击。前者酷似英美自由主义学人,批评儒学是东方专制主义权威主义的意识形态;后者雷同五四时代的知识精英,斥责儒家是封建遗毒乃至吃人的礼教。"[1]另外一个重要原因是新加坡政府害怕推广儒家伦理会增强华族认同,导致华人沙文主义。归根结底,新加坡实行的毕竟是资本主义制度,其威权政治亦含有西方民主政治的诸多因素,与封建专制统治有着根本的不同,因此人民行动党政府决不可能允许儒家

[1] 杜维明:《儒学发展的宏观透视——新加坡一九八八年儒学群英会纪实初版·序》,台北:正中书局 1997 年版。

文化成为新加坡占统治地位的政治意识形态,实际上其对儒家文化的态度是既利用又限制。

五、 儒家文化对新加坡影响之评价

不可否认,儒家文化对新加坡产生了广泛深刻的影响,体现在新加坡经济、政治、文化、心理结构各个方面。最重要的是,新加坡利用儒家文化开辟了不同于西方的现代化模式,这是多元现代性的有力体现。多元现代性理论针对经典现代化理论把现代化等同于西方化的观点,提出西方现代化模式是西方特有的历史文化传统、经济政治实践的产物,并不具有普世的意义,各个国家应根据自己的文化传统、心理结构和习惯探索适合本国的现代化模式。多元现代性的代表人物艾森斯塔德认为:"理解现代世界事实上也是解释现代性的历史的最佳途径,就是把它看作一个现代性的文化纲领和文化样式以多样性的方式不断建构和重构的故事。"[1]亨廷顿在《文明的冲突》中指出,个人主义、民主、立宪制、自由市场等西方文化中的重要元素均来源于西方特定的历史传统,很难与亚洲文化及其他非西方文化产生共鸣,其他文化也不一定要学习西方文化,现代化并不等于西方化。他还极力肯定新加坡政府倡导与西方个人主义相反的儒教价值,认为这是保存新加坡自身文明特殊性的合理努力,甚至值得美国政府效法。

毋庸置疑,就新加坡在现代化建设方面取得的巨大成功来说,儒家文化功不可没。但新加坡现代化的成功不是儒家文化单方面

---

① 方朝晖:《文明的毁灭与新生:儒学与中国现代性研究》,北京:中国人民大学出版社 2011 年版。

作用的结果,而在于新加坡将东方和西方的价值观进行了很好的融合。多元现代性不是强调民族的特殊性,而是强调不同文化的碰撞、交融与重构,"现代性"是各民族的底色,有了这一底色,传统文化具有意义,才能焕发生机。由于新加坡长期沦为英国的殖民地,因此以英国为代表的西方文化占据更重要的地位,西方文化中的政治制度、自由市场、个人主义、法治都对其产生了深刻影响,奠定了新加坡现代社会的基础。可以说,新加坡现代化的成功首先是西方直接输入资本主义生产方式的结果,新加坡实际上是把西方文化的竞争性与儒家文化所提倡的勤奋、忠诚、集体主义等伦理结合在一起,并在此基础上塑造了一种完全融合的竞争体制。另外,不同种族和民族的文化(如马来文化和印度教文化)对新加坡社会也产生了重要影响。

儒家文化既可以被理解为一种政治意识形态,也可以被看作一种伦理和生活方式。就伦理层面的儒家文化而言,新加坡政府是持欢迎态度的。伦理层面的儒家文化在人际关系上主张伦理本位。伦理本位的人际关系是以人情为核心的,以义务而不是权利为纽带,把个体视为依存者,强调人与人在心理上、情感上以及人生价值追求上的相互的依赖关系。梁漱溟形象地描写了这一形态:"要在有与我情亲如一体的人,形骸上日夕相依,神魂间尤相依以为安慰。一啼一笑,彼此相和答;一痛一痒,彼此相念。——此即所谓'亲人',人互喜以所亲者之喜,其喜弥扬;人互悲以所亲者之悲,悲而不伤。盖得心理共鸣,衷情发舒合于生命交融活泼之理。"①与西方新教伦理所形成的竞争模式相比,这是一种和谐模式,在这种模式下,人们重视团体的力量,寻求一致的意见,没有个人权利观念,强调个

---

① 梁漱溟:《梁漱溟全集》(第三卷),济南:山东人民出版社1990年版。

人须以对他人尽责为美德,在相互依赖中得到社会和心理的安全感。儒家文化所倡导的伦理本位会激发人们参与到群体当中去,产生相互依赖的社会团体,使整个社会紧密地团结起来,从而能消除西方个人主义所导致的人与人之间相互孤立的原子化状态。另外,儒家伦理强调义务、忠恕、自律、修身、尊重权威、社会和谐等理念对国民道德品质的提高和国民精神生活的丰富起到了较大促进作用,并能够增强国民对国家、政府的忠诚,进而加强国家的凝聚力。但作为政治意识形态的儒家文化是新加坡一直要极力避免的,这是由其经济基础以及其西方传统决定的。每当儒家文化发展势头过猛,有变成新加坡政治意识形态危险的时候,新加坡当局就会采取打击政策。即使是人民行动党为了维护自己建立的威权政治的合法性,打击政治多元化,使儒家文化具有了意识形态的色彩,但仍然是在限制的基础上进行利用,未将其提升至统治地位。另外,儒家文化毕竟产生于封建社会和小农经济,其价值观与现代社会也存在颇多冲突,比如重道德轻利益的价值观不利于现代社会发展生产力,重农轻商的价值观不利于市场经济的发展,家族本位与个性自由存在冲突,等等,这些非理性因素也限制了儒家文化在新加坡的影响力。

　　任何一种思想文化都是时代的产物,其兴衰取决于它是否适应社会发展的需要。儒家文化在当代社会中的位置取决于其自身的价值,即它能否满足现代化及现代社会需要及能多大程度地满足现代化及现代社会需要,以及人们能否客观地对其进行现代的审视和诠释,能否实现儒家文化的现代转化。新加坡的儒家文化已不是原初的儒家文化,而是结合现代性进行过滤与改造的现代化。如"忠"被阐释为忠于国家,具有国民意识;"礼义"被阐释为待人接物以礼相待、坦诚守信,养成良好的社会公德心,等等。显然,提倡"忠孝仁爱礼义廉耻"这八德是为了巩固新加坡民族国家的利益。正是新加坡对儒家文化的成功改造才使其焕发强大的生命力,对新加坡社会的发展产生了深刻影响。这对我们今天利用传统文化进行现代化建设具有重要的借鉴意义。一种文化之所以被称为先进文化,是因为其具有较强的自我更新能力和极大的开放性,以儒家文化为主的中国传统文化要想重焕生机,就必须进行自我修正,祛除其中的非理性因素,与现代文明形成良好的融合与对接,这样才能与时俱进,为中国的现代化建设提供强大的动力与源泉。

试析"反恐怖主义激进化"的三个关键维度

——基于英国"预防战略"的案例分析

沈晓晨　杨　恕[*]

　　在当代反恐语境中,"激进化"(radicalization)是一个被广泛使用的概念。一般认为,"激进化"指的是个体或群体在迈过恐怖主义红线之前所普遍经历的思想和行为的变化:一方面拒绝所处社会的主流价值观,另一方面逐渐接受为了实现政治目标而使用暴力,并最终发展为恐怖主义。与之相应,"反激进化"(counter radicalization)是预防这两方面变化而进行的前瞻性反恐工作,超越纯粹的武力打击模式,采取积极主动的预防性行动来防止存在风险的个体或群体"激进化",并对那些已经走上极端道路的个体或群体进行改造。根据对于全球135个国家的"反激进化"相关措施的比较研究,美国《2008年国家反恐报告》得出结论:采取一定程度的"软性"措施来预防、干预本国穆斯林投身恐怖活动,已经在某种程度上成为一种共识。[①]

---

[*]　沈晓晨,兰州大学马克思主义学院、中亚研究所博士研究生;杨恕,兰州大学中亚研究所所长、教授,博士生导师,研究方向为中亚、反分裂、反恐、地缘政治、国际关系理论等。该文原载《欧洲研究》2014年第3期。

[①]　See U.S. Department of State, *Country Reports on Terrorism 2008*, United States Department of State Publication Office of the Coordinator for Counterterrorism, 2009, pp.8—12.

在欧洲,大部分国家是在 2004 年马德里恐怖袭击和 2005 年伦敦恐怖爆炸案之后,开始针对国内的"本土"恐怖主义问题引入"激进化"概念,并形成关于"反激进化"的广泛的学术讨论①,但在相关研究和具体实践中还存在一个普遍的问题,即对于"反激进化"理论和实践缺乏清晰的界定,"反激进化""反极端主义""反恐"等概念被同义化使用。这导致即便在今天,"反激进化"到底应该包含哪些工作、目标和对象等一些关键问题仍然缺乏定论。与此同时,在对"激进化"问题的认识以及"反激进化"具体工作的设计方面,国家之间和地区之间仍然存在很大的差异。而且,由于大多数"反激进化"政策实施时间尚短,加之政府客观上无法过多地公开具体实施细节,相关项目或战略的有效性很难得到客观的外部评估。在这种情况下,如何对已有的"反激进化"措施进行客观分析、归纳出可供借鉴的普遍经验,就成为面临相似威胁的国家都必须要思考和应对的问题。

2003 年,英国在欧洲首先尝试制定和实施"反激进化"的"预防战略"。经过十年的发展,英国的"预防战略"虽然仍存在很多问题,但已成为欧洲最为综合全面、发展相对完善的"反激进化"战略。本文选取这一战略进行案例分析,是为了回答英国在反激进化工作三个关键维度——要反对什么、应该怎样做、应该与谁以及如何合作的问题,同时为其他国家的反激进化工作提供有益的借鉴经验。

一、 问题的提出与案例选择

(一)"反激进化"理论

本文首先对当前"反激进化"理论作一简要概述。现在很少有国

---

① Schmid, A. P., *Radicalisation*, *De-Radicalisation*, *Counter-Radicalisation*: *A Conceptual Discuss and Literature Review*, Hague: International Centre for Counter-Terrorism, Research Paper, 2013, p.1.

家还会将恐怖分子视为不正常的人、精神或心理疾病患者,或认为他们"生来就是恐怖分子","一朝走上恐怖道路就永远不会改变"。相反,在当前反恐斗争中,各国的一个普遍共识是:在个体最终迈过恐怖主义红线之前存在着一个"激进化"过程,而这一过程是可以预防和中断的。这一共识构成当前所有"反激进化"战略或政策的逻辑起点。"激进化"不一定都会发展成为恐怖主义,最终导致恐怖主义的"激进化"是个体或群体对于极端主义投入(commitment)程度的不断提升。①当前"反激进化"研究的成果表明,恐怖主义"激进化"可以简单表述为这样一个过程:个体或群体由于种种原因怀有不满或怨恨情绪,在接受了极端思想或意识形态的情况下,逐渐发展成为恐怖主义者。

在上述界定中涉及两个往往被同义化使用却存在本质区别的概念:"激进化"和"极端化/极端主义"。一国政府对于这两个概念的关系是否具有清晰的认识,关乎其能否进一步对"反激进化"工作进行具体的、有针对性的设计。美国兰德公司报告《伊斯兰极端分子的去激进化》称,恐怖主义"激进化"过程提供了恐怖分子产生的三方面要素:与具有相同遭遇的人或组织的情感联系、意识形态和现实因素。其中,极端主义所提供的就是意识形态因素。②"激进主义"和"极端主义"都是相对概念(relative concept)或关系概念(relational concept),但两者的区别在于,前者是相对于"主流""温和"或"保守"而言的,单纯的"激进主义"和"激进化"并不排斥理性对话。从历史上看,一定程度的社会激进是政治、经济和社会体制革新的必要条件。而后者"极端主义"则是相对于"多元"和"开放"而言。

---

① Schmid, A. P., *Radicalisation, De-Radicalisation, Counter-Radicalisation: A Conceptual Discuss and Literature Review*, Hague: International Centre for Counter-Terrorism, Research Paper, 2013, pp.16—21.

② Rabasa, A. and Pettyjohn, S., *Deradicalizing Islamist Extremists*, Santa Monica: Rand Corporation, 2010, pp.xv—xvi.

个体或群体只有在接受了"极端主义"之后,才真正关上了理性审视的大门,认为自己掌握了所有问题的终极答案,所有问题只能有一种解决方式。[①]这种褊狭和自以为是使"极端主义"成为对其他社会成员的威胁。因此,"极端化"是个体或群体通过"激进化"发展至恐怖主义的重要阶段。但同时也应该看到,除了极端思想之外,个体成为恐怖分子,另外两方面因素同样不可或缺,如果缺少情感联系或不具备现实条件,仅持有极端思想的个体或群体很难实施恐怖行为。也就是说,如果三个要素中缺少任何一个,"激进化"都不可能发展为恐怖主义;反言之,只要能够切断这三个环节中的任何一个而非仅仅是极端主义环节,都能够起到"反激进化"的效果。

与"激进化"过程相对应,以接受极端思想为界,"反激进化"也可以划分为两个阶段。学界一般将这两个阶段称为"狭义的反激进化"和"狭义的去激进化"[②],也就是先"反"后"去"的过程。各国实践证明,在大多数情况下,导致恐怖主义等政治暴力行为的"激进化"是可以被预防和中断的。[③]

---

① Schmid, A. P., *Radicalisation*, *De-Radicalisation*, *Counter-Radicalisation*: *A Conceptual Discuss and Literature Review*, Hague: International Centre for Counter-Terrorism, Research Paper, 2013, pp.5—11.

② 广义的"去激进化"过程是指从个体或群体接受极端思想到其放弃这一思想重新融入社会的整个过程,成功的"去激进化"至少要在行为上实现从恐怖主义组织或行为中的"脱离",不再对国家和社会构成威胁。各个地区由于各自情况的特殊性侧重了不同的"去激进化"过程,也就是采取了不同的狭义的"去激进化"概念。西方国家由于缺乏后期意识形态,尤其是宗教意识形态的干预,即改造能力,强调对于那些已经接受了极端思想但还没有实施恐怖行为的个体或群体进行改造工作;而在伊斯兰国家,尤其在中东地区由于"先天地"具有提供关于宗教的主流阐释的能力,以及招募国家宗教人士来进行宗教对话的能力,所以能够对那些恐怖分子,最主要是被捕的恐怖分子进行"改造",帮助他们更好地融入社会。这个后期"改造"的过程在反恐工作中同样重要,但因不属于"反激进化",本文不予赘述。

③ U.S. Department of State, *Country Reports on Terrorism*, 2008, United State Department of State Publication Office of the Coordinator for Counterterrorism, 2009, p.8.

但是,以上共识并不足以形成单一、明确的"反激进化"模式。首先,关于"激进化"过程是如何发展的? 这个问题始终存在争议。根据当前相关研究,这一过程并不一定遵循线性式发展,部分学者认为是阶段性的①,还有学者甚至认为不存在一种"激进化原因"与"恐怖主义结果"的因果联系。②其次,即便出于清晰说明的需要,默认存在一个大致的线性式的发展方向,我们也需要认识到不满和恐怖主义之间并不存在充要关系。一方面,基于个体或群体的不满的"激进化"可能会导致很多结果,接受极端思想进而发展为恐怖主义仅仅是其中的一种,其他的可能还有如参与地方帮派或普通的犯罪行为等。③另一方面,甚至接受了极端思想的个体或群体也不一定会发展为恐怖主义。④

正因为存在这些争议,各国在具体实施"反激进化"的措施上存

① 例如纽约警察局(NYPD)提出的"激进化"四阶段,以及维克托洛维茨基基于"侨民"组织分析而提出的个体伊斯兰"激进化"的四阶段模型等。参见 Silber, M. and Bhatt, A., *Radicalization in the West: The Homergrown Threat*, New York: Police Department, 2007; Wiktorowicz, Q., *Radical Islam Rising: Muslim Extremism in the West*, Maryland: Rowman & Littlefield Publishers, 2005。

② 例如麦考利和莫斯卡连科的"政治激进化 12 机制",该模式不是"绘制通往伊斯兰激进化的不同路径",或可以整合所有不同方面的影响的概念框架,它甚至否认存在一个统一的"激进化"理论,该模式着力于界定和阐述那些可以解释政治"激进化"的社会心理过程。参见 McCauley, C. and Moskalenko, S., "Mechanisms of Political Rasicalization: Pathways Towards Terrorism", *Terrorism and Political Violence*, Vol.20, No.3(2008), pp.415—433。

③ 因为本文所讨论的英国"预防战略"属于反恐战略,因此本文所使用的"激进化"指的是"恐怖主义激进化"。

④ 在当前关于"去激进化"的相关研究中,很多学者对这一过程进行了深入的却彼此差异很大的区分。例如迈克尔·塔恩比对于恐怖主义者招募过程的八阶段划分和保罗·吉尔的"通路模式"关于个体从接受极端思想到实施恐怖行为的分析就完全不同。参见 Tearnby, M., *Recruitment of Islamist Terrorists in Europe. Trends and Perspective*, Research Report Funded by the Danish Ministry of Justice, 14 January 2005; Gill, P., "Suicide Bomber Pathways Among Islamic Militants", *Policing*, Vol.2, No.4(2008), pp.421—422。

在很大的差异。客观上,这是因为各国所面临的本土恐怖主义威胁的程度和性质不同,具体决策体制和政治制度各异;但可能更为根本的原因是"反激进化"的共识过于空泛,对于具体实施层面的基本问题缺乏定论。本文认为,有三个关乎"反激进化"工作成败的关键问题亟须回答:第一,如何设置"反激进化"目标。恐怖主义"激进化"是一个发展过程,如何对处于不同发展阶段的激进化对象区别对待?这些不同类型的工作应该实现怎样的效果?第二,"反激进化"具体应该采取什么样的实施路径。恐怖主义"激进化"的产生原因各不相同,如何针对不同对象的特征进行有的放矢的工作?第三,政府如何开展"反激进化"的多方合作。在合作中如何处理与对象个体和群体的关系?这三个措施层面的基本问题——反对什么、怎么反对、如何合作——具有紧密的内在逻辑联系,并构成"反激进化"的三个关键维度,每一个"反激进化"战略或政策的制定和实施都无法回避。

(二)案例选择

在不存在单一的"反激进化"模式的情况下,如何从他国已有的"反激进化"工作中总结普遍经验并进行因地制宜的借鉴,就成为所有面临本土恐怖主义威胁的国家亟须解决的理论和实际问题。基于此,本文尝试通过对英国反激进化"预防战略"的案例分析,探讨英国相关措施在这三个关键维度上所取得的成效。

在 2004 年、2005 年之后,许多欧洲国家都推进了从宽泛意义上来看属于"反激进化"的措施。[①]本文选取英国"反激进化"预防战略

---

① 但目前只有英国、荷兰、丹麦和挪威在公开的官方文件中确定了能够被认为是覆盖了全部广义的"反激进化"过程、全国范围的"反激进化"战略。

进行案例研究,主要是基于以下三方面的考虑。

首先,与其他欧洲国家相比,英国是面临本土恐怖主义,尤其是伊斯兰极端主义威胁最为严重的国家之一。[①]2003 年,英国在欧洲率先制定和实施"反激进化"战略,来自伊斯兰极端主义的威胁是最直接的动因。早在 9·11 事件之前,虽然当时英国还没有遭遇圣战派伊斯兰恐怖袭击,但其政府已开始担忧国内的"激进化"问题。一方面是因为 20 世纪 70—80 年代,英国接收了来自阿拉伯国家和南亚的大批移民,其中相当一部分是"伊斯兰主义者";另一方面,相比其他欧洲国家,英国在对外政策,尤其是反恐政策方面和美国走得更近,这使其成为"基地"组织的主要袭击目标之一。[②]基于上述因素,英国政府在 2003 年颁布的"反恐战略"中明确将反激进化"预防战略"列为反恐四项主要工作之一[③],由内政部负责实施。2005 年伦敦恐怖爆炸袭击之后,"预防战略"获得英国政府的大力推进。2007 年,英国政府通过《预防战略:对于英格兰地区地方合作伙伴的指导》(简称《2007 年报告》),以政府官方文件形式对战略目标和

①　需要说明的是,本文关于英国"预防战略"的讨论预设了一个限定:因为英国乃至大多数西方国家的"反激进化"都是应对本国穆斯林受到圣战派伊斯兰极端思想的影响走上恐怖主义道路这一"激进化"的过程,本文的讨论也继承并接受这种限定;但不可否认,其他形式的"激进化"也同样包括在"预防战略"之中,例如极端右翼、族裔民族主义或分离主义等。但是在 8 年"北爱和平协议"之后,北爱恐怖主义对英国威胁已经大幅下降,加之"预防战略"目前也尚未覆盖北爱尔兰,其他形式的恐怖主义威胁并不是"预防战略"的重点。

②　Vidino, L. and Brandon, J., *Countering Radicalisation in Europe*, London: International Centre for the Study of Radicalisation and Political Violence, 2012, pp.11—12.

③　即"4P"工作,除了"预防战略"(Prevent)之外,英国反恐战略还包括另外三项工作:"追捕"(Pursue,即追捕恐怖分子与他们的赞助者)、"保护"(Protect,即保护英国公众和政府)、"准备"(Prepare,即准备应对恐怖袭击)。参见 HM Government, *Countering International Terrorism: the United Kingdom's Strategy*, 2006, pp.1—2。

具体工作提出详细要求。自 2007 年以来，"预防战略"的运转主要依赖于内政部、社群与地方政府部（DCLG）和涉外和共同体事务部（FCO）的拨款。①我认为，鉴于"反激进化"措施和相关研究都是近十年才出现的，很多措施还处于"试错"阶段，加之各国"激进化"程度不同，这也意味着需要解决的问题的难度有很大差别。在此情况下，面临较严重问题的国家的失败教训及修正，可能要比问题较小的国家的成功经验更具有研究意义。

其次，在欧洲各国的"反激进化"工作中，英国的"预防战略"是唯一进行过内部评估和修正的。2011 年，在新上台的联合政府的要求以及外部批评的压力之下，英国内政部对"预防战略"进行了一次全面评估，并形成一份长达 116 页的评估报告《预防战略》（一般称之为《2011 年战略回顾报告》以与《2007 年报告》相区分）。在普遍缺乏必要的统计数据和具体信息的情况下②，正是这份评估报告与激烈的外部批评，使得英国的"预防战略"成为欧洲国家中几乎唯一一个拥有相对充分资料并进行全面评析的"反激进化"战略。而且《2011 年战略回顾报告》基本上接受了针对战略的目标设置、合作伙伴选择和资金使用等方面的批评意见，并作出了修正。这无疑能够帮助我们把握"预防战略"的发展趋势。

最后，也可能是最为重要的，与其他国家相比，英国的"预防战略"最为全面综合，并覆盖了"激进化"的全过程。换言之，英国"反

---

① HM Government, *The Prevent Strategy: A Guide for Local Partners in England*, 2008.

② 由于"反激进化"工作涉及国家安全、情报工作的秘密性，以及个人资料隐私等一系列问题，相关机构封锁了大部分信息，导致评估工作不得不仅限于政府内部或官方授权学者，外部分析研究工作非常困难。"反激进化"成为国家安全相关学术研究最重要，却也最难获得可靠论据的议题之一，大多只能依赖官方公开文件和少数"知情人士"的评论或批评。

激进化"在上文所述的三个关键维度方面——不管是成功经验还是对于失误的修正——均能为其他面临相似本土恐怖主义威胁的国家提供借鉴经验。下文将分别从这三个方面进行详细分析。

二、"反激进化"的目标设置

当前的"反激进化"研究普遍认为,不存在单一的"反激进化"模式。那么在一国"反激进化"工作中,针对不同性质和不同程度的"激进化"现象是否存在单一的解决方法? 笼统而言,预防和中断"激进化"进程构成"反激进化"的工作内容和主要目标,但在具体实施方面,"'反激进化'针对的对象是什么、要实现什么样的效果"并非一个不言自明的问题。对这一问题的回答需要对"反激进化"过程的进一步探讨。上文提及,以接受极端思想为界,"反激进化"工作可以划分为"狭义的反激进化"和"狭义的去激进化"两个阶段,而在具体措施中按照这两个阶段进行较为清晰明确的目标设定和划分,则是英国"预防战略"的开创性贡献。"预防战略"将"反激进化"工作划分为"预防"和"干预"两类,并在目标设置方面进行了明确的区分:前者针对的是从个体不满到接受极端思想这一阶段的"狭义的反激进化",即预防"激进化"的产生,以及在不满产生之后预防个体或群体接受极端思想;后者则针对那些已经接受极端思想并逐步向恐怖主义发展,但尚未实施恐怖活动的个体,争取让他们放弃极端思想,脱离极端或恐怖组织,回归社会,也就是针对存在"激进化"情况的对象的"狭义的去激进化"。

从"预防战略"的具体措施可以看出,在目标设置方面,明确的阶段性划分是进一步开展有针对性工作的基础。根据所要实现的目标,"预防战略"在具体工作上进行了三方面的细化。

首先,从"激进化"产生的原因入手,实施与"激进化"相关的广泛的社会融合工作,消除"激进化"产生的原因,构建能够有效遏制"激进化"产生的社会环境。关于"激进化"产生的原因,许多欧洲国家包括英国普遍认为,"激进化"是个体或群体社会融合不足的副产品。①根据这一观点,在 2011 年之前,英国"预防战略"预算中很大一部分被用于宽泛的社群社会融合项目,主要包括六类:在社群中开展辩论、讨论和举办论坛,实施普遍的"反激进化"教育项目,针对社群领袖和管理层的培训,其他非官方形式的培训、艺术和文化活动,以及体育和娱乐项目。②

其次,否定极端思想,推进宽容、温和、民主的价值观,遏止极端主义影响。意识形态方面的工作是预防个体或群体在产生不满的情况下接受极端思想的关键。2007 年,内政部安全暨反恐办公室(OSCT)专门成立"研究、信息和通讯机构"(RICU)来负责遏制极端意识形态的工作。该机构由来自内政部、社区与地方政府部,以及涉外与共同体事务部三方面的代表组成,具体协调政府各部门应对恐怖主义意识形态方面威胁的措施,并针对极端意识形态进行"反叙述"(counter-narrative)③,同时展开相关研究。《2011 年战略回顾报告》再次强调:"所有的恐怖主义组织或运动都有自己的意识形态,对于这种意识形态的鼓吹和煽动刺激了激进化和恐怖主义的发展","挑战这种意识形态、打击恐怖主义扩散的能力,是预防战略

---

① Rabasa,A. and Pettyjohn, S., *Deradicalizing Islamist Extremists*, Santa Monica: Rand Corporation, *2010*, p.122;英国官方关于这一观点的阐述可参见 HM Government, *Prevent Strategy*, 2011, pp.23—37。

② HM Government, *Prevent Strategy*, 2011, p.28.

③ 意指对那些圣战恐怖分子言论或思想进行反击的言论或思想。参见 Schmid, A. P., *Radicalisation*, *De-Radicalisation*, *Counter-Radicalisation*: *A Conceptual Discuss and Literature Review*, Hague: International Centre for Counter-Terrorism, Research Paper, 2013, p.iv, 59。

的基础"。①从实施效果来看,"研究、信息和通讯机构"有效地增强了民众对于恐怖主义"激进化"过程的了解,提升了政府话语的影响力,大大改善了政府在意识形态方面的对外沟通工作。②

最后,与发生"激进化"可能性较高的机构和场所,也就是"风险场所"进行合作并对它提供帮助,确保这些机构或组织了解它们在"反激进化"方面的责任,提升其关于"激进化"有哪些风险以及如何运作发展的认识,并最终能因地制宜地制定出有效的应对措施。③

"预防"与"干预"在目标设置上存在根本的区别,因此在具体措施上,前者需要从社会整体和"风险场所"着手构筑遏制"激进化"产生的环境;而后者则必须更多关注"风险个体",即识别或界定存在被吸引支持或参与恐怖主义的风险的个体,评估风险的性质和程度,并因人而异提供帮助和引导。"预防战略"的"干预"工作主要通过一个设计精巧的"渠道"(Channel)项目实施。2007 年 4 月,英国内政部在两个警察局进行"渠道"项目试点,之后逐步扩展,目前已经在英格兰和威尔士普遍实施。④该项目的运行资金主要来自安全暨反恐办公室的"预防战略"拨款,具体工作由警察系统、地方合作伙伴和其他相关机构合作开展,警察系统负责总体协调。在 2010 年和 2012 年,英国政府先后两次以官方报告形式介绍了"渠道"项目的工作机制,对"渠道"项目包括的三个步骤——界定和引荐、风险评估以及帮助——进行了详细规定。⑤

---

① HM Government, *Prevent Strategy*, 2011, p.14.

② Ibid, pp.47, 50.

③ Ibid, p.63.

④ Association of Chief Police Officers, *National Channel Referral Figures*, Home Office of United Kingdom, 2013.

⑤ 这两份报告分别是:HM Government, *Channel: Supporting Individuals Vulnerable to Recruitment by Violent Extremists*, March 2010; HM Government, *Channel: Protecting Vulnerable People from being Drawn into Terrorism*, October, 2012。

对"反激进化"目标设置进行阶段性划分的一个益处,就是当关于"激进化"产生原因的关键假设出现问题或尚无定论时,可以在不影响整体"反激进化"工作的情况下进行修正。"预防战略"目标设置阶段性划分的基础是极端意识形态,而非"激进化"产生原因的某一解释或针对某一社会群体。从当前的"反激进化"研究来看,对于恐怖主义是受到某种极端思想影响的政治暴力行为已经基本形成定论,但关于"激进化"产生原因以及这些原因如何在"激进化"过程中产生影响则存在很大争议。事实上,在 2011 年之后,"预防战略"之所以缩小战略目标范围,尤其对社会融合与"反激进化"工作进行了区分,正是因为将缺乏社会融合理解为"激进化"产生的原因是有问题的。从近年来逮捕的一些本土恐怖分子个人情况来看,其中不少已经较好地融入了所在社会,接受过良好教育并拥有正常的工作。这促使政府认识到,社会融合本身并不能实现"预防战略"的"反激进化"目标,混淆两者界限的"反激进化"战略很可能两方面的目标都实现不了。作为对这一情况的修正,2011 年之后,上述两方面的政策逐渐开始分离,而且由不同的机构实施。① 正是得益于"激进化"目标设置的阶段性划分,这一纠正行为给"预防战略"带来的影响只是操作层面的变动,而非战略的整体可行性遭到质疑。但同时,也正因为"预防战略"的目标设置和工作安排以极端思想的接受与否为基础,因此,任何关于极端思想的争论必然给战略实施带来影响。关于这一问题,本文第四部分将进行详细的讨论。

---

① 普遍而言,"反激进化"政策越来越多地由警察系统来实施,而促进社会团结,亦即社会融合工作则交由另外一些机构来负责。详见 HM Government,*Prevent Strategy*,*2011*,pp.5—24。

三、"反激进化"的实施路径

"反激进化"的第二个维度是基于目标设置,相关工作的开展应该遵循怎样的实施路径。具体而言,"反激进化"应该针对个体还是群体？如何就对象的特定情况进行有的放矢的工作？在实施路径维度上,英国反激进化"预防战略"所提供的经验在于两次重要的"超越":一是超越"反激进化"仅关注"风险个体"的微观路径,强调"风险场所"的重要性;二是超越普遍泛化的措施,强调"反激进化"需要对象指向。

(一)对于微观路径的超越

"反激进化"长期局限于微观路径,与其产生之初就明确定位于识别"潜在恐怖分子"的特性有关。9·11 事件之后,大多数政府资助研究以及政府措施的关注点都集中于那些以某种形式实现了"激进化"的"风险个体"或"潜在恐怖分子"。马克·塞奇曼(Marc Sageman)指出,这种以个体为核心的研究和实施路径忽视了"激进化"产生所必需的较大范围的"激进环境"(radical milieu),即个体周围的支持性的甚至同谋性的社会环境。[1]显然,塞奇曼所说的"激进环境"其实就是"预防战略"从制定之初就一直强调要进行合作的"风险场所"。

早在《2007 年报告》中,英国政府就已经提出要提高与"能够较好地挑战'基地'组织意识形态的社群组织"进行沟通的能力,并规

---

[1] Sageman, M., *Understanding Terror Networks*, Philadelphia: University of Pennsylvania Press, 2004, p.11.

定该方面工作亦由"研究、信息和通讯机构"负责总体协调。《2011年战略回顾报告》则进一步对于存在导致恐怖主义"激进化"风险的"风险场所"提出明确界定——"在这些机构或组织中存在恐怖主义意识形态和相关宣传不被质疑,也不参与公开和自由讨论的情况",并详细列出六类"风险场所"——学校、互联网、宗教信仰场所、医疗服务机构、刑事司法系统(包括监狱和少年犯监管系统)以及慈善机构。

在具体措施方面,英国政府通过"预防战略"与这六类"风险场所"开展了较为频繁和卓有成效的合作。这些措施大体可以归纳为三类:首先是为有可能直接接触到"风险个体"的人员(为医疗服务机构、刑事司法系统、慈善机构工作)提供培训,告知他们这些个体一般会具有哪些迹象、对于不同的迹象应该如何解读,以及在发现具有"激进化"迹象的个体之后应该采取哪些应对措施,或应该将之移交哪些机构。最为典型的是在监狱中,"预防战略"通过全国服刑人员管理局(the National Offender Management Service)对在监狱中服务的传教师进行培训,虽然无法如中东伊斯兰国家那样提供官方宗教解读或直接进行宗教辩论,但是可以帮助这些传教师更好地了解"激进化"问题,并在遇到相关情况时知道如何处理。

其次,对风险机构内部的良性合作提供支持。例如在2007年,在社群与地方政府部的支持下,英国四个全国性穆斯林组织建立了全国清真寺和伊玛目咨询委员会(Mosques and Imams National Advisory Board)。该委员会的目标是强化对全国范围内的清真寺的管理,对伊玛目进行宗教知识培训,让他们更好地提供特别是针对青少年穆斯林的服务。在2011年,该委员会已经覆盖全英国超过600个清真寺和穆斯林组织。

最后,通过政府部门或成立专门政府机构直接介入。例如面向学校的"反激进化"工作很多由教育部直接实施,特别是像"伊斯兰公民教育计划"(the Islam Citizenship Education Project)等针对伊斯兰学校的项目。在高等学校中,还通过商业、创新和技能部(DBIS)与学生组织合作,以保证学生对极端主义形成清晰的认知,让学校也发出"平衡"极端主义的声音。在某些情况下,尤其当遇到一些新问题的时候,政府还会成立专门机构负责应对。2010年初,英国警察系统与内政部合作,成立"网络反恐审查机构"(Counter Terrorism Internet Referral Unit),负责排查互联网上违反英国法律的言论与宣传,并采取适当的驳斥和反击,必要时移交司法系统处理。①

以上三方面措施,也引发了一系列关于政府是否将相关工作"安全化"(securitized)的争论,指责"预防战"与这些"风险场所"的舆论在很大程度上是出于安全考虑,有默认这些机构或组织存在危险之嫌。基于此,《2011年战略回顾报告》特别对"有风险"(at risk)和"危险"(risky)进行了区分。②诚如塞奇曼所说,这些场所——特别是清真寺、监狱和互联网——在很多时候的确构成"激进化"所必需的"激进环境"③,但《2011年战略回顾报告》强调:"学校非常重要,不是因为存在大量激进的学生(而且事实也并非如此),而是因为学校可以在赋予年轻人应对极端主义和恐怖主义意识形态的能力方面发挥关键作用,能够有效地驳斥和引导那些为这类思想进行辩护的年轻人。在英国,去清真寺的人中大多数对恐怖主义并不同情,也正是因为如此,他们可以帮助我们接触到那些可

---

① HM Government, *Prevent Strategy*, *2011*, pp.63—94.

② Ibid., p.6.

③ Sageman, M., *Understanding Terror Networks*, Philadelphia: University of Pennsylvania Press, 2004, p.115.

能存在风险的年轻人。……这是'预防战略'（与'风险场所'）开展广泛合作并取得成效的基础——因为它们具备解决我们所面临问题的能力。"①

（二）对象指向性

如前文所述，不同的人走上"激进化"道路的原因，以及在"激进化"过程中受到的外界影响可能彼此不同。一些可能是因为来自同辈或来自互联网的影响，另一些可能是因为遭受过歧视或欺凌、家庭关系紧张，抑或缺乏自信或认同等。因此，不存在，或者说，我们并不知晓是否存在某种单一方式能界定哪些个体具有激进化风险。②这就需要在具体工作中进行区别对待。"预防战略"在"反激进化"实施路径上提供的另一个重要经验，在于提供了一个设计精巧且效果良好的个体对象指向性工作的具体范例，即"渠道"项目。

"渠道"项目主要包括三个步骤：界定和引荐、对于目标个体的风险评估以及帮助。在第一个步骤中，该项目对"风险个体"的界定在很大程度上依赖多方合作，由合作机构负责向项目提供"引荐"人选，这些合作方包括地方政府、教育机构、医疗系统、少年犯监管系统、监狱、警察、其他紧急事态处理部门、边境管理机构、社群和志愿机构等。③基于与多方合作的"引荐"机制保证了该项目可以覆盖几乎全国所有的场所。随着"渠道"项目的不断发展，被引荐的人数也在不断上升，从 2007 年 4 月项目启动，截至 2013 年 4 月，该数目已

①　HM Government, *Prevent Strategy*, 2011, p.64.

②　Association of Chief Police Officers, "Channel—A Partnership Approach to preventing Vulnerable People from being Drawn into Terrorism", Home Office of United Kingdom, 2013, p.1.

③　Ibid., pp.2—4.

经达到 2 653 人。①

但并不是所有的被引荐者都是"风险个体"。在上述被引荐的 2 653 人中,其实只有 587 人(占 22%)最终被认定为具有恐怖风险,需要"渠道"项目进一步的帮助。因此,"渠道"项目在各个地区派驻"渠道"协调官(Channel Coordinator)来对那些被引荐个体进行筛选和初步评估。这些协调官一般都具有警察或地方政府工作背景,他们会根据经验来判断这些对象是否存在恐怖主义风险②;那些未被认定为"风险个体"的被引荐人大多被转交给其他更为适合的服务机构;而如果某个对象被认为已经在暴力极端主义道路上走得太远,那么这时干预工作已经不再有效,将由警察或安全部门接手处理;只有对象被认为存在进一步"激进化"的风险,但尚有不使用强制手段进行挽回的可能时,才会实施干预工作。③

在经过"渠道"协调官的筛选和初步评估之后,那些继续留下来的个体会被转移至一个由多机构代表组成的专家组(multi-agency panel),由该专家组进一步对对象个体的"风险程度"进行评估。2012 年 10 月,英国政府出台《"渠道"项目:风险评估架构》报告,对风险评估标准的三个方面——是否投身于某个组织或意识形态,是否有制造伤害的意愿,是否有制造伤害的能力——以及具体的 22 条细化指标进行详细介绍。基于对个体对象"风险程度"的评估,专家组还会就应该为个体提供哪些具体帮助进行商议。这些帮助一

---

① 人数具体如下:2006—2007 年为 5 人;2007—2008 年为 75 人;2008—2009 年为 179 人;2009—2010 年为 467 人;2010—2011 年为 599 人;2011—2012 年为 580 人;2012—2013 年为 748 人。参见 Association of Chief Police Officers, "National Channel Referral Figures", Home Office of United Kingdom, 2013。

② HM Government, *Prevent Strategy*, 2011, p.58.

③ Association of Chief Police Officers, "National Channel Referral Figures", Home Office of United Kingdom, 2013, p.1.

般包括咨询、信仰指导与家庭和其他社会网络进行合作,以及一些主流的社会服务(例如就业方面的培训或其他社会关系方面的咨询)。①

"渠道"项目的对象指向性工作被普遍认为是"(预防战略各项工作中)最为明确的成就"。首先,事实证明,对象指向性工作能够产生较好的效果。正如英国警察系统"预防战略"工作督察官诺曼·贝蒂森(Norman Bettison)所说:"到目前为止,在所有接受过干预工作的人员中,没有一个后来因恐怖主义相关暴力行为而被逮捕。"②其次,"渠道"项目相对容易评估。对"预防"工作的有效性进行评估非常困难,甚至对于其必要性也只能进行理论层面的推论;相比而言,"渠道"项目这种具有清晰对象指向的"干预"工作的评估则要容易和直观得多。

从上述对比中得到的另一个结论是,由于"预防"工作需要关注某个社群,尤其是存在社会孤立状态的群体或某个组织思想状态上的变化,因此对具体对象进行较为系统和持续的跟踪调查就非常必要。换言之,对象指向性工作不仅仅针对个体,对于"风险场所"和"风险地区"同样必需,甚至更为迫切。2011 年之后,"预防战略"在"预防"工作方面进行整体收缩,在很大程度上固然是因为"预防"工作评估困难且受到诸多苛责,因而转向较容易实施的个体"去激进化"工作,但这并非完全是向微观路径的倒退。英国政府不仅强调在"反激进化"工作中应该继续和深化针对"风险个体"的"渠道"项目,而且还强调针对"风险地区"也应该具有明确的对象指向性,具

---

① HM Government, *Channel: Protecting Vulnerable People from being Drawn into Terrorism*, October 2012, pp.6—9.

② 转引自 Vidino, L. and Brandon, J., *Countering Radicalisation in Europe*, London: International Centre for the Study of Radicalisation and Political Violence, 2012, p.9.

体体现为大幅缩小"预防战略"拨款的地方政府名单,将注意力集中于少数"激进化"风险较高的重点地区。2007—2011 年期间,"预防战略"为英格兰地区 152 个地方政府中的 94 个提供了资金,大致根据各地区的穆斯林人口决定资金分配。[①]而在 2011 年之后,"预防战略"集中关注 25 个关键地区,而且选择标准是来自情报机构所提供的恐怖主义相关信息,而不再是基于某个社群人口的规模。[②]这种体现在"风险场所"和"风险地区"方面的对象指向性工作是实现有效"反激进化"的重要组成部分。

从上述英国"反激进化"实施路径的两个"超越"的讨论中可以发现,"反激进化"实施路径解决的是政府如何从主观出发,基于不同的目标设置进行具体的对象区分,并根据不同对象的特点选择具体的工作方式。那么从客观角度而言,一国政府在"反激进化"工作中如何整合内外部力量进行有效合作? 下文将通过"反激进化"合作维度,尤其是"合作困境"的分析,尝试对这一问题作出回答。

四、"反激进化"的"合作困境"与出路

如前文所述,"反激进化"体现为由中央政府主导的多方合作,而如何选择不会给"反激进化"工作带来反面效果的社群组织进行接触和联系,是合作的重中之重。同时,鉴于现有理论和实证研究成果的有限性,当前的"反激进化"应该将极端主义,而非对于"激进化"原因的某些解释作为具体工作安排的基础。基于上述两点,"反激进化"的第三个"合作"维度在很大程度上是回答如何具体处理与

---

① HM Government, *Prevent Strategy*, 2011, p.97.
② Ibid., 2011, p.9.

极端主义的关系:是有选择地合作或利用,还是应该完全拒绝与极端主义的接触? 本文称之为反激进化工作中的"合作困境"。

而且,一旦与宗教因素混杂,这一"合作困境"的解决就关乎政府如何妥善把握对于特定宗教的态度,以及与本国该宗教信众整体的关系;同时,对于大多数世俗国家而言,政府都难以直接去挑战或否定打着宗教旗帜的极端意识形态,而单纯地推进民主与国家价值观又不一定能预防与打击恐怖主义"激进化"。①这意味着,政府需要与宗教社群进行合作。因此,如何在宗教社群中寻找合作者就成为一个无法回避的问题。在这一方面,英国"预防战略"提供了一个失败的尝试和一个可供借鉴的妥协性做法。

(一) 失败的尝试:"暴力"与"非暴力"极端主义之辩

几乎从产生伊始,"预防战略"的针对对象就是"暴力极端主义"。事实上,大多数国家认同不能与"暴力极端主义"组织或个人进行合作。但是随之而来的是持久不息的关于"非暴力极端分子"是否有害的理论争辩。这一争辩将"反激进化合作困境"具体化为一个现实的问题——在"反激进化"工作中能否与"非暴力极端主义"合作。②客观而言,将"非暴力极端主义"从"极端主义"中抽离出

---

① Rabasa,A. and Pettyjohn,S.,*Deradicalizing Islamist Extremists*,Santa Monica:Rand Corporation,2010,p.xxi.

② 对于极端主义的"暴力"和"非暴力"区分可以追溯至 2005 年,当时布什政府试图寻找一个较为"低调"的概念来替代听起来似乎非常好战的"全球反恐战争"(GWOT),并最终选择了"反暴力极端主义的斗争"(Struggle Against Violent Extremism,SAVE)一词,并认为非暴力极端主义者是在打击暴力极端主义斗争中可以争取的盟友。正是受这一观点影响,英国政府在 2007 年将"反激进化"关注对象从原来的"极端主义"收缩至"暴力极端主义"。参见 Schmid,A.P.,*Radicalisation,De-Radicalisation,Counter-Radicalisation:A Conceptual Discuss and Literature Review*,Hague:International Centre for Counter-Terrorism,Research Paper,2013,p.10。

来，在某种程度上是因为英国政府意识到对极端主义全盘否定无益于解决"合作困境"，试图以一种区别对待的方法从"极端主义"中区分出一些尚可以争取的对象，从"合作对象"而非"合作方式"角度思考这一"困境"的出路。但是，这是一个失败的尝试。

首先有必要从理论角度对"非暴力极端主义"略作讨论。本文认为，"非暴力极端主义"这个概念本身就存在问题，或起码有非常强的误导性。第一，"暴力"和"非暴力"极端主义的划分是基于当前行为而非思想上的根本区别。从马努斯·米德拉斯基（Manus Midlarsky）对极端主义的分析中可以看出，倾向于使用武力或暴力而非劝说是所有极端主义的本质特征之一。[①]也就是说，使用暴力是极端主义封闭性和排外性的必然产物。一些持有极端思想的组织或个体之所以暂时没有采取暴力手段甚至宣称谴责暴力行为，大多是受制于一些现实的原因或条件，对于这部分所谓的"非暴力极端主义"的更加准确的称谓应该是"尚未暴力"或"尚无条件暴力"的极端主义。第二，"非暴力极端主义"并没有一个稳定的群体，它处于一个向暴力方向发展的过渡阶段。将处于过渡阶段而具有很大变动性的群体视为一个稳定的对象来讨论是否可以进行合作，将给工作本身带来难度和风险。而且，在很多国家，这一"非暴力"阶段并不明显。大量关于"独狼"（lone wolf）式恐怖分子的研究证明[②]，许多受教育程度不高，特别是缺乏宗教知识的不满个体从接受极端

---

① Midlarsky, M. I., *Origins of Political Extremism*: *Mass Violence in the Twentieth Century and Beyound*, Cambridge: University Press, 2011, p.7.

② 关于"独狼"式恐怖分子的研究可参见 Phillips, P. J., "Lone Wolf Terrorism", *Peace Economics*, *Peace Science and Public Policy*, Vol. 17, No. 1 (2011), pp.1—29; Spaaij, R., "The Enigma of Lone Wolf Terrorism: An Assessment", *Studies in Conflicts & Terrorism*, Vol. 33, No. 9 (2010), pp.854—870; Spaaij, R., *Understanding Lone Wolf Terrorism*: *Global Patterns*, *Motivations and Prevention*, Springer, 2012 等。

思想到实施恐怖活动的过程时间非常短,甚至可能一受到极端思想蛊惑就立即采取暴力恐怖行为。在这种情况下,如果相关国家政府不经思考地照搬别国针对"非暴力极端主义"的政策,就会出现严重的后果。

与"非暴力极端主义"进行合作的"困境",在"预防战略"中突出体现为是否应该将伊斯兰主义组织作为"反激进化"合作伙伴。在"预防"战略实施的最初几年,英国政府在地方层面选择了那些动员能力最强或最为活跃的组织作为合作伙伴,其中相当一部分就是"非暴力"的伊斯兰主义组织,例如英国穆斯林协会(the Muslim Council of Britain)。而这些组织事实上并不代表温和的主流穆斯林,不仅与境外极端主义网络有联系,有的甚至利用政府合作者的身份来强化对于当地穆斯林社群的影响和控制。[1]

事实证明,"暴力"和"非暴力"的极端主义并无本质区别。《2011年战略回顾报告》承认了之前所存在的合作伙伴选择的问题,不再把极端主义与暴力分离,并指出今后"政府机构和警察系统都不能依赖极端分子来解决激进化问题"。2011年之后,卡梅伦政府的确放弃了前任工党政府与非暴力极端主义者合作的做法。这种否定的态度值得肯定,但我认为,这还是无法从根本上解决"合作困境"的问题。

根本原因在于,"预防战略"承诺"不与所有极端组织合作",并不意味着战略的制定者和执行者已经拥有对于伊斯兰极端主义的充分了解和应对思路。虽然在2011年之后,英国政府明确禁止资助任何形式的极端组织,但政府关于"预防战略"具体应该对哪些组

---

[1] Vidino, L., *Radicalisation*, *Linkage and Diversity*, *Current Trends in Terrorism in Europe*, Santa Monica: Rand Corporation, 2011, p.25.

织进行资助或合作几乎没有任何指导。加之那些表面承诺不使用暴力甚至谴责恐怖主义的极端组织的确具有很大的迷惑性,致使在很多情况下,战略的一线工作人员因为无法将伊斯兰主义者与开明自由的穆斯林进行正确的区分,而无意识地与极端主义进行了合作。①如果这种认知缺乏的情况没有改观,那么这一"合作困境"就必然持续存在。

（二）妥协性的出路:"非资助性接触"

鉴于之前对于"暴力"和"非暴力"极端主义的僵硬划分的失败,不少地方政府和"预防战略"一线工作人员开始思考能否从"合作方式"层面进行突破。在这种情况下,当前一些妥协性做法得到了众多拥趸。采取这些做法的人认为,如果能做到"非资助性接触",就可以对"非暴力极端主义"甚至所有的极端组织进行"战术性"的利用。从 2011 年以来英国政府对于大量"非资助性接触"的默许来看,似乎"预防战略"正在朝着这样一个妥协的方向发展,即在绝对不为极端分子提供资金或赋权的前提下,相对自由地在战术层面与极端个体或组织进行接触,加深对于穆斯林社群情况的了解,获取那些存在转向恐怖主义的风险个体的信息,即"视其为必需的对话者(interlocutors),但不能把它们当作合作伙伴(partners)"②。例如一位地区"预防战略"负责人就认为,在采取措施推广温和的替代观点的同时,有必要与那些极端个体和群体保持对话。她的一段话很有代表性:"我们必须在与这些不支持英国主流价值观的

① 甚至有学者指出,有一些伊斯兰主义组织采取"打入内部(entryist)战术",已经成功打入政府内部。参见 Gilligan, A., "Inextricably Link to Controversial Mosque: The Secret World of LFE", *The Daily Telegraph*, February 28, 2010.

② Vidino, L. and Brandon, J., *Countering Radicalisation in Europe*, London: International Centre for the Study of Radicalisation and Political Violence, 2012, p.2.

个体或群体进行接触和对他们置之不理两个方向中间找到一个平衡点。如果我们完全不和他们对话,就等于关上了一扇通往社群的门,也就失去了那些可以帮助我们找出个别激进分子的大部分群众。我们现在与这些我们不喜欢的人打交道,正是出于更大的、从社群中获取信息并建立联系的目的。当出现一个问题时,我们不去理会它并不意味着这个问题就能被解决或消失,反而会提升原本就存在的愤怒和失望,而这些群体很可能会利用我们这种排斥态度。"①

在伦敦东部的纽汉区(Newham),当地的"预防战略"工作人员成功封堵了伊斯兰主义者从政府获得资助的通道。纽汉区的做法是,一方面指派一位通晓伊斯兰主义意识形态,而且各方面消息灵通的穆斯林来负责"预防战略"工作;另一方面则奉行不对"单一信仰团体"(single faith groups)支持或资助的政策。在一些地区,相关工作人员甚至与那些持有极端观点的个体进行对话。一名工作人员称:"如果我希望有效地完成工作,就必须和那些态度强硬的人士坐下来交谈。"不过他也补充强调:"必须采取一种不会增强这些激进人士力量的方式来进行。"②

客观而言,"非资助性接触"是有效利用极端组织的地区影响力和获取情报的能力的有益尝试,而且在很大程度上可以避免外部争议。但我并不认为这种妥协性的做法能从根本上解决这一"合作困境"。首先,这种方法尚未得到充分且广泛的实证研究证实其有效性;其次,更重要的是,"非资助性接触"在实施过程中需要依赖于一大批对当地情况非常熟悉,且对伊斯兰极端主义问题有充分了解的

---

① Vidino, L. and Brandon, J. , Countering Radicalisation in Europe, London: International Centre for the Study of Radicalisation and Political Violence, 2012, p.22.
② Ibid. , p.23.

一线工作人员。不管对于英国，还是对于当前大多数世俗国家而言，做到这一点并不容易。因此，这种方式是否为"合作困境"的出路，如果有效的话应该在何种范围内推广，都是需要决策者认真思考和研究的问题。但对于大部分与英国情况类似的国家，"预防战略"所采取的做法——在态度明确的前提下在具体操作层面默许一定程度的妥协——可能是目前一个可以考虑的选择。

五、 余论

基于当前"反激进化"研究的有限成果，本文尝试对"反激进化"具体实施过程中的三个关键维度进行分析，并从英国"预防战略"近十年的发展历史中归纳出"反激进化"的借鉴经验。简言之，第一，"反激进化"工作在目标设置和工作划分上应该体现出对于不同"激进化"程度、不同类型和性质的个体或群体的区别对待；第二，在具体措施中，既应该认识到"风险场所"或"激进环境"在"激进化"产生和发展过程中的重要性，还应该具有明确的对象指向性；第三，在对于任何形式的极端主义持有明确的不合作立场的同时，与之建立一种"不资助、不赋权"的战术性接触和利用关系虽无法从根本上解决问题，但在短期来看是一个可以考虑的选择。

因此，本文认为，"预防战略"在短短数年内发展成为一个覆盖到"反激进化"全部阶段的综合战略无疑是一个巨大的成就。虽然限于篇幅与问题讨论的集中性，本文在很多情况下没有对"预防战略"所存在的问题进行详细阐述，更多的是从正面总结经验，但是必须承认，"预防战略"在 2005 年伦敦恐怖爆炸袭击之后的过快发展显然导致了一系列问题：首先，"预防战略"摊子太大，短时间内不仅覆盖了太多的区域，而且还试图获得更多的成果；其次，在战略有效性评估方面有待改进;第三,依然没有建立起一支真正既掌握当地情况、又通晓"激进化"问题的一线队伍,在面对一些棘手问题时(例如如何与极端分子接触、哪些项目应该资助等),这一弊端尤为明显。其他国家在借鉴英国经验时,对于这些问题需要特别留意并着力解决,而且其重要性丝毫不亚于对于成功经验的采纳。

当然,在认识到"预防战略"存在问题的同时,也需要甄别一些对"预防战略"的批评。例如部分伊斯兰主义者指责"预防战略"将穆斯林社群作为目标,造成对于穆斯林社群的整体歧视。[1]事实上,对英国而言,在个体表现出明显的极端思想之前,外部机构很难准确地对他们进行定位,要在"预防"工作中以"更加精确的、针对那些有实施犯罪行为意图的个人"的做法来取代当前对于"风险场所"或"风险群体"的普遍关注,不仅难以实施,并且可能形成针对伊斯兰主义"激进化"的全面政策的倒退。

除此之外,应该认识到,"预防战略"虽具有一定的借鉴意义,但其基础是英国的实践和特殊国情,其他国家在借鉴过程中必须立足本国实际、因地制宜。这不仅要求在具体措施实施过程中政府应该基于本国的实际情况而进行相应的调整和创新,还意味着在措施效果评估方面也要考虑到不同国家问题严重程度的不同。"反激进化"乃至反恐是长期的任务,从某种程度而言,恐怖"激进化"是个体或群体存在不满的必然产物之一,我们的目标并非寻得某种灵丹妙药,在一夜之间解决问题,而是要将问题限制在可控范围之内,徐图改善。

最后需要强调的是,英国的经验绝非对于"反激进化"三个关键

---

[1] Rabasa, A. and Pettyjohn, S., *Deradicalizing Islamist Extremists*, Santa Monica: Rand Corporation, 2010, pp.137—138.

维度问题的终极回答。不仅如此,在对于"反激进化"普遍经验的讨论中,本文认为,当前最为关键的问题在于相关研究严重滞后于政策实践,因而一些关键的基础问题("激进化"如何产生,各种原因在"激进化"过程中如何分别起作用,解决"激进化"问题需要我们做什么等)还缺乏充分的研究。学术研究和战略推进之间还没有形成一个良性的循环,没有充分的理论和实证分析帮助战略制定者更好地对相关问题形成认识,具体的政策实践又未能为学术研究提供有效的经验。鉴于此,对于英国等"反激进化"现有工作进行案例研究的最大价值,就在于从实证层面告诉面临相似问题的国家可能会遇到哪些困难,哪些初步措施已经被尝试过,其中哪些有效,哪些无效,哪些需要修正,哪些具有普遍借鉴意义。

拉美新自由主义改革：
为什么必然失败？

陈 平 王 军*

拉美新自由主义改革是目前学术界关注的焦点，特别是对拉美新自由主义结构改革成效的评价问题，在国内外学术界颇多争议。由于基本立场和出发点的不同以及对新自由主义改革的特征和本质在认识上的分歧，不同学者对新自由主义改革在拉美的实践作出的解释和评价大相径庭；著名学者各执己见，针锋相对，可见拉美新自由主义改革问题影响之巨大。

一、"令人失望"的改革

对一项改革的成效进行评估，必须建立在一定的基准之上。衡量改革成败，从不同的角度可以列出很多标准，但其中有两个标准必不可少。第一，改革是否达到预期的目标。如果改革没有达到目标，或者说没有达到改革的最主要的目标，则应该判定改革是失败

---

* 陈平，中国社会科学院研究生院博士研究生；王军，中国社会科学院博士研究生。
该文原载《拉丁美洲研究》2014 年第 4 期。

的。第二,在达到改革目标之后,还要看达到这一目标所付出的代价是不是合理的和可承受的。如果改革的代价过高,即使勉强达到预期的改革目标,但由于国家和民众在其他方面的损失太大,以致改革在总体上得不偿失,进而导致改革遭遇各方反对而停顿甚至被迫终止,这样的改革也不能被称为成功的改革。

以这两个标准来衡量,拉美在 20 世纪 90 年代的改革成效并不令人满意。

拉美改革的首要目标是恢复经济增长,新自由主义改革在这方面取得的成效令人失望。1991—2000 年,拉美的年均经济增长率为3.2%,高于 20 世纪 80 年代的 1.2%。这样的增长水平似乎表明拉美已在一定程度上恢复了经济增长,但实际上,拉美 90 年代的经济增长速度不仅低于本地区六七十年代 5.5%的水平,更低于发展最快的国家 6.5%—7.5%的水平。对于这一点,即使西方学者也并不讳言。[1]

更关键的一点是,20 世纪 90 年代的经济增长并非基于拉美经济内在的活力,而在很大程度上是在历经长达 10 年的经济停滞之后的一种恢复性的增长。[2]研究结果表明,这种并不算高的经济增长主要受到由私有化引起的财政支出增加和大量短期外部资本流入的推动。拉美经委会 1997 年的一份报告指出,拉美地区的投资率在 90 年代虽然有所回升,但低于危机发生以前,储蓄率也仍然很低,投资在很大程度上靠外部储蓄支撑。因此,拉美国家的经济增长往往对资本流动表现出过高的敏感性。[3]这种增长模式的缺陷在

[1] 美洲开发银行:《拉美改革的得与失》,江时学等译,北京:社会科学文献出版社 1999 年版,中文版序第 2 页。
[2] Stiglitz, J.E., "Whither Reform? Toward a New Agenda for Latin America", Santiago Chile, 2002, p.18, https://www.cepal.org/prensa/noticias/comunicados/1/10891/stiglitz-version120603.pdf.
[3] Ocampo, J.A., "Beyond the Washington Consensus: A View from ECLAC", ECLAC Review, No.66(1998).

1997 年后完全暴露出来——当私有化进程基本结束,拉美经济受亚洲金融危机以及本地区宏观经济动荡的影响,外资流入大幅下降后,拉美的经济增长速度随即放慢。1998 年和 1999 年,拉美地区的经济增长率分别只有 2.3% 和 0.4%。

阿根廷的经济发展称得上是拉美 20 世纪 90 年代经济发展的一个缩影。依靠私有化收入扩大财政支出以及外资涌入带动的投资和消费扩张,阿根廷在 1991 年和 1992 年分别实现了 10.6% 和 9.6% 的超高速经济增长,但这种令人目眩的高增长仅仅维持了两年就显得后继乏力——1993—1994 年的经济增长率没有达到 6%。1995 年,由于墨西哥危机的爆发,阿根廷出现了 2.8 个百分点的负增长。在经历短暂的经济复苏之后,1999—2002 年,阿根廷经济连续四年负增长,2001 年的经济衰退达到创纪录的 - 11%,阿根廷经济一度濒临崩溃。[①]

虽然在总体上拉美经济并未像阿根廷那样发生剧烈动荡,但宏观经济不稳定,乃是学界的共识。用一位中国学者的话说,"八年内三次衰退"[②],几乎每隔 2—3 年即发生一次经济动荡。更重要的是,20 世纪 90 年代以来的拉美经济增长呈现出一种明显的前高后低、逐步衰退的态势。也就是说,拉美自 90 年代以来全面实行新自由主义改革以来,经济不是越来越好,而是越来越差了:1991—1994 年拉美的经济增长率不足 4%。1998 年后,拉美由于接连发生经济危机或金融动荡,1999 年和 2001 年的经济增长率仅为 0.5% 和 0.3%,2002 年又下降 0.5 个百分点。如果以 1998 年为界,拉美最近几年的经济增长率只有大约 1.15%,远远低于国际金融机构 1997

---

① 本段引用数据参见 ECLAC, *Economic Survey of Latin America and Caribbean*, 2000—2001, 2001—2002。

② 苏振兴:《拉美经济在八年中三次衰退》,载《拉丁美洲研究》2002 年第 1 期。

年时的估计,基本上重新陷入 80 年代债务危机后的那种停滞和衰退状态。

尽管出发点不同,西方和拉美的学术界都对拉美 20 世纪 90 年代的经济表现出极为接近的态度——悲观失望。拉美经委会把 1997 年之后的拉美经济称为"失去的五年"(the lost half decade)①。而一贯鼓吹新自由主义改革的美洲开发银行,虽然不愿承认改革的失败,但其首席经济学家对改革的失望亦溢于言表,称 90 年代改革的结果"远不令人满意",认为拉美经济"将不会重复自己过去的增长状况,更不用说与其东亚竞争者的发展相比"。②

除经济发展状况不佳以外,拉美国家还为新自由主义改革付出了巨大的、不可挽回的代价。

首先,新自由主义的结构改革付出的第一个代价是加大了宏观经济的脆弱性。一方面,新自由主义的贸易自由化政策以及大量外资的涌入,虽然使拉美国家一些部门的出口出现了强劲增长,但由于外资涌入抬高了本币币值以及拉美国家产品在开放后缺乏国际竞争力,几乎所有国家进口增长比出口更快,20 世纪 90 年代的贸易赤字都未降反增。例如,墨西哥的贸易自由化政策导致其贸易逆差从 1990 年的不到 50 亿美元猛增到 1994 年的近 289 亿美元,增长近 500%。③另一方面,由于"不成熟的、过快的金融和资本市场的自由化,以及缺乏足够的管制框架,使国家更多地暴露在风险面前,

---

① Ocampo, J. A., "Beyond the Washington Consensus: A View from ECLAC", *ECLAC Review*, No.66(1998).

② 美洲开发银行:《拉美改革的得与失》,江时学等译,北京:社会科学文献出版社 1999 年版,中文版序第 2 页。

③ [美]芭芭拉·斯托林斯等:《经济增长、就业与公正》,江时学译,北京:中国社会科学出版社 2002 年版,第 66 页。

而没有提高它们应对风险的能力"①,拉美国家的宏观经济极易受短期资本流动的冲击。仍以墨西哥为例,1994 年的墨西哥危机虽然具体表现为由政治动荡引致短期资本外逃并最终导致汇率制度崩溃,但资本外逃的前提是大量短期资本的涌入,而大量资本的涌入的根源则在于墨西哥政府遵循新自由主义的教条,开放资本市场过于激进。墨西哥政府原本的设想是,通过开放资本市场和提高利率吸引外资流入,弥补贸易自由化导致的大量经常项目赤字,但它完全忽视了资本流动对宏观经济稳定的消极影响。

1999 年的巴西金融动荡和 2001 年的阿根廷金融危机,都是首先由债务危机引起投资人恐慌,资本外流导致汇率机制崩溃,进而使银行体系受到冲击。这两次动荡和危机的爆发,固然不能完全归咎于新自由主义的结构改革,但与改革加大了宏观经济的脆弱性有直接的关系。以阿根廷为例,贸易自由化后关税税率的急剧降低,使阿根廷的财政收入下降,直接加大了阿根廷政府的财政压力;贸易自由化放大了"汇率锚"机制的内在矛盾,贸易自由化加上"汇率锚"下的本币升值,使阿根廷的经常项目赤字几乎不可遏制;缺乏有效监管的金融自由化导致银行金融风险陡增。同时,金融自由化也为大量短期资本流入创造了条件,客观上推动阿根廷外债的增长;私有化虽然一度使阿根廷财政收支状况好转,但私有化收入是一次性的,由于它在客观上推动了 20 世纪 90 年代初的财政扩张,而且这种扩张极具刚性,私有化收入枯竭后由此产生的收支缺口不得不以外债弥补。因此,私有化也在一定程度上加剧了阿根廷外债的失控;沉重的债务负担不仅使政府摆脱财政危机的希望化为泡影,而

---

① Stiglitz, J.E., "Whither Reform? Toward a New Agenda for Latin America", Santiago Chile, 2002, p.22, https://www.cepal.org/prensa/noticias/comuncados/1/10891/stiglitz-version 120603.pdf.

且以外币支付债务利息也使政府的经常项目赤字进一步加大。更糟糕的是,金融自由化并没有将外逃资本吸引回来,而是为国内资本的进一步外逃和国际游资冲击本币打开了方便之门。总之,新自由主义改革为危机的爆发创造了一切必要的条件。当经济衰退、严重的双赤字使投资者和普通民众的信心发生动摇时,阿根廷的经济危机也就不可避免了。巴西的情况与之也有类似之处。

改革付出的第二个代价是国家产业竞争力和对经济的调控能力急剧下降。近十年来,私有化之后外资企业的增加,使拉美国家一些行业和企业的竞争力有所提高。但由于国家减少了对技术进步的干预,拉美国家的私人企业又无力建立本国产品的核心竞争优势,整体竞争力呈下降趋势。拉美地区对所有工业化国家出口的市场份额,在1985—1996年间,由6.2%下降到5.3%,而同期东亚的比重则从6.3%上升到9.0%。①与此同时,激进的私有化和自由化政策,使国家对本国经济的调控能力受到极大削弱。阿根廷的私有化几乎把整个国家都出售一空;巴西不仅卖掉了亏损企业,那些经营状况良好的国有企业也被卖掉。国家投资在社会总投资的比重急剧下降,对宏观经济稳定的影响力随之降低。更严重的后果是,私有化使拉美国家的矿业、电力、电讯和金融等骨干产业向私人资本和外国资本集中,甚至被国际垄断资本控制。在阿根廷,1995年较大的10家银行中,本地银行占到6家,但到2002年仅剩1家,国家基本的金融安全受到直接威胁。

新自由主义改革付出的第三个代价是使拉美经济和社会发展的不平衡进一步加剧。正如拉美学者所指出的,改革虽然使经济增

---

① [美]芭芭拉·斯托林斯等:《经济增长、就业与公正》,江时学等译,北京:中国社会科学出版社2002年版,第32页。

长速度有所提高,但并未创造出更多就业,特别是没有带来"贸易产品部门就业的增长"①。新自由主义"改革与宏观经济政策之间的不一致性,进一步削弱了许多国家创造就业的能力"②。20 世纪 90 年代激进的贸易自由化改革导致大量本国企业破产,而其他领域的改革同样并未创造出足够的就业机会来吸收破产企业的工人,其必然的结果是失业率的上升。私有化也是如此,拉美国家的国有企业私有化导致失业率的上升:拉美的私有化多以出售存量资产为主,新增生产能力与就业岗位不多。为提高效率,一些国有企业在私有化后大量裁员,从而使失业人口进一步增加。拉美国家 90 年代的失业率呈现明显的上升趋势,1990 年的失业率约为 7.5%,1998 年上升到 8.8%,2001 年拉美的城市公开失业率达到 9.8%,2002 年上升到 10.6%,是拉美有史以来的最高点。③除墨西哥外,90 年代后期巴西、阿根廷、智利、玻利维亚等国失业率都在 7% 以上,玻利维亚 2000 年的失业率甚至达到令人吃惊的 20.2%,阿根廷的失业率也达到 15.7%。④

新自由主义改革付出的第四个代价是使多数拉美国家的收入分配状况进一步恶化。拉美结构改革的成果只被一小部分人获得,而多数人则没有在改革中获得好处。拉美国家 1998 年正规部门的实际工资甚至低于 1980 年的水平。在墨西哥和阿根廷——拉美两个实施新自由主义改革的国家,根据城市家庭计算的基尼系数,分别从 20 世纪 80 年代中期改革前的 0.47 和 0.41 上升到 90 年代中

---

① 〔美〕芭芭拉·斯托林斯等:《经济增长、就业与公正》,江时学等译,北京:中国社会科学出版社 2002 年版,第 221 页。

② 同上书,第 138 页。

③ ECLAC, *Preliminary overview of the economies of Latin American and the Caribbean* 2003,p.10.

④ ECLAC, *Economic Survey of Latin America and Caribbean 1999—2000*,p.85.

期的 0.54 和 0.49。①阿根廷经济危机爆发后,阿根廷的基尼系数在最近几年又有明显上升。同时,由于失业率的攀升,拉美国家的贫困人口也未降反增。据拉美经委会的统计,拉美的贫困人口由1994 年的 2.09 亿上升到 2003 年的 2.27 亿。②在阿根廷,甚至出现了普遍的饥饿和贫穷现象,退休者和领取养老金者的糟糕状况最为明显。除少数国家外,拉美作为世界上收入分配最为糟糕的地区,在新自由主义改革之后未有任何的改变。③

毫无疑问,站在拉美国家的立场上,拉美新自由主义的改革总体上是失败的——即使不考虑某些国家在政治上丧失的独立性,绝大多数拉美国家的经济状况并没有发生实质性的好转,在一些国家比改革前问题更多。然而,西方主流学者不愿承认新自由主义改革的失败。美洲开发银行的两份报告辩称,结构改革是一个长期的过程,在初期付出代价是必然的。尽管拉美改革存在一些问题,但改革取得了"巨大成就":使拉美国家获得了比 20 世纪 80 年代更高的经济增长,更低的经济波动性,分配状况的恶化趋势得到抑制,更重要的是,通过改革,基本上建立了外向型市场经济体制,巩固了政治民主,为拉美地区的长期经济增长奠定了基础。总而言之,这两份报告认为,拉美新自由主义改革的成效总体上是积极的、有成效的。④

---

① Morley, S., "El Problema de la Distribución del Ingreso en América Latina", Santiago, Chile, Economic Commission for Latin America and the Caribbean (ECLAC) and Fondo de Cultura Económica, 2000.

② ECLAC, *Preliminary Overview of the Economies of Latin American and the Caribbean 2003*, p.10.

③ 需要指出的是,智利和秘鲁的收入分配情况在 20 世纪 90 年代均不同程度地有所改善,但这主要不是新自由主义结构改革的结果,而是两国 90 年代对新自由主义结构改革模式进行纠正的结果。在 70 年代最为激进的新自由主义改革中,智利的失业和不平等状况都有大幅度的上升。

④ 美洲开发银行:《拉美改革的得与失》,江时学等译,北京:社会科学文献出版社 1999 年版,第 191—206 页。

西方学者对新自由主义改革的上述辩护,在理论上和逻辑上显然是不成立的。确实,拉美在建立市场经济体制方面取得了进展。拉美经委会也承认,越来越多的国家"从封闭的、由国家主宰的、以进口替代工业化模式为特点的经济,转向以市场为导向的、对外部世界更加开放的目的"①。然而,只要注意到以下几点,就不难发现西方学者上述立论的偏颇之处:(1)正如上面所指出的,虽然建立开放的、外向型的市场经济体制也是经济改革的出发点之一,但建立市场经济体制的最终目的仍然是为了实现包括经济增长在内的具体的经济和社会目标。对改革的评价,在任何情况下都不能把实际的经济效果搁置一边,而片面地强调在所谓"改革指数"上取得的进展。(2)对克服传统体制的弊端而言,扩大市场在资源配置方面的作用固然是必要的,但必须看到,新自由主义不是通向市场经济的唯一模式。正如中国改革开放所表明的,存在许多代价更小的改革路径。相比之下,拉美改革付出的代价过于巨大。拉美市场经济体制的建立,并不能证明新自由主义改革模式的必然性,更不能自动赋予其合法性。(3)拉美通货膨胀率的下降主要是"汇率锚"机制抑制过度的货币财政性发行的结果。新自由主义的结构性紧缩虽然有助于抑制通胀,但是并非决定性的因素,且结构性紧缩必然造成经济衰退,其正面作用是否足以抵补其消极影响值得怀疑。(4)越来越多的证据表明,市场经济体制与经济增长不是一种简单的因果关系。由于技术传播的缓慢和不对称、缺乏长期资本市场以及储蓄率的长期低迷,即使建立了市场经济体制,经济增长也不是可以自动实现的。而制约拉美经济发展的根本问题,除了市场机制外,其

---

① [美]芭芭拉·斯托林斯等:《经济增长、就业与公正》,江时学译,北京:中国社会科学出版社 2002 年版,第 9 页。

他诸如提高资本积累、提高产业竞争力等问题,新自由主义改革一个也没有解决。

正如一位拉美经济学家指出的,经过 10 年的结构改革以后,拉美地区所能看到的"仍然是许诺,而不是实际的理想的结果"①。事实上,不仅拉美民众对新自由主义改革存在一种普遍的不满②,一贯支持新自由主义改革的美洲开发银行也承认,拉美结构改革的效果"不甚理想",许多国家"遭受结构性改革之苦"③。甚至威廉姆森这位新自由主义改革的理论权威也承认 90 年代的改革是"令人失望的"。他虽然不明言新自由主义已经失败,但是已经开始同新自由主义划清界限。在 1998 年的一篇文章中,他声明他本人并不属于新自由主义学派。④作为新自由主义改革的政策设计师,尚且对"新自由主义"避而远之,从一个侧面说明新自由主义的确陷入窘境。

二、 为什么改革失败是必然的?

拉美改革为什么会失败,改革的失败是一些客观的或偶然性的因素所致,还是新自由主义根本是个错误的处方? 这是国际学术界争论的又一焦点问题。西方主流学者明显倾向于前一种解释,他们

---

① Ramos,J.,"Neoliberal Structural Reforms in Latin America: the Current Situation", *ECLAC Review*, No.62(1997).

② Interview with Ricardo Ffrench-Davis to his book—*Reforming the Reforms in Latin America: Macroeconomics Trade, Finance*.

③ 美洲开发银行:《拉美改革的得与失》,社会科学文献出版社 1999 年版,中文版序第 2 页。

④ Williamson,J.,"The Washington Consensus Revisited", in Emmerij L., ed *Economic and Social Development into the XXI Century*, Washington D.C.: Inter-American Development Bank,1997, p.63.

承认改革存在一些问题,但否认新自由主义改革本身导致这些问题的产生。一方面,他们把拉美宏观经济不稳定、经济增长缓慢、失业和贫困人口增加归咎于"劳工立法的僵化"和"教育的落后"等拉美国家的历史积弊。[①]另一方面,他们否认新自由主义改革模式与拉美经济危机之间存在必然的联系,认为拉美经济危机的爆发乃是"僵硬的汇率制度""经常项目赤字"或"国外的某种经济冲击"这样一些具体的政策和偶然性的因素。[②]在他们看来,拉美糟糕的经济状况,不是因为进行了改革,而是改革"不完全彻底"。他们强调,虽然"开出更多的改革处方犹如在伤口上敷盐",但是为了获得持续增长、稳定和繁荣,"除经济改革之外,还应推进更多的改革"。[③]

显然,对拉美结构改革问题的分析,西方主流学者采取的是一种"局部否定,总体肯定"的策略,即把分析的层次局限于具体的政策层面,而极力回避从总体上对新自由主义改革模式本身提出质疑。西方主流学者所有研究都指向这样一个目标:否认改革失败的必然性,把改革的不成功归咎于偶然的暂时性因素。这正是问题的症结所在。

必须承认,拉美结构改革的失败是一个十分复杂的问题。拉美国家自身的问题(如拉美民众主义政治模式、发展战略失误导致的

---

① 美洲开发银行:《拉美改革的得与失》,社会科学文献出版社 1999 年版,第 215、224 页。

② Kuczynski, P. and Williamson, J. eds., *After the Washington Consensus: Restarting Growth and Reform in Latin America*, Washington D.C.: Institute for International Economics, 2003, p.4.

③ 美洲开发银行:《拉美改革的得与失》,社会科学文献出版社 1999 年版,中文版序第 2 页。关于西方学者对所谓"第二代"改革的类似论述,另请参阅 Kuczynski, P. and Williamson, J. eds., *After the Washington Consensus: Restarting Growth and Reform in Latin America* 以及 B., Shahid Javed and Perry, G.E., *The Long March: A Reform Agenda for Latin America and the Caribbean in the Next Decade*, World Bank, 1997。

债务负担,等等)在一定程度上都是导致改革不成功的重要因素。然而,分析一项改革的成效,必须首先要从检讨改革模式自身的问题入手,把失败归咎于外部因素或改革的初始条件,丝毫不能减轻改革模式对改革失败所应承担的责任。

实际上,任何一种改革模式要想取得成功,必须以本国的根本利益为前提,必须考虑本国的政治、经济和社会发展的现实特点和问题,必须切实可行地采取改革的政策措施。无论何种改革模式都必须面对现实问题,改革必须解决矛盾,而不能使固有的矛盾激化,更不能制造更大的不可化解的矛盾。

根本的问题在于,新自由主义改革模式不是这样一种理性的改革模式。有充分的证据表明,新自由主义改革模式自身存在的根本性的错误和问题,使这种改革模式无论是在拉美还是在世界任何其他地方,都不可能取得成功。换句话说,对任何国家而言,新自由主义改革的失败都具有不可避免性。

从改革模式的特征来看,新自由主义改革的极端性、片面性和激进性是导致改革失败的直接原因。新自由主义改革模式的目标是建立排除一切国家干预的、市场原教旨主义的经济体制。改革目标的极端性,决定了新自由主义改革政策的片面性和激进性。新自由主义者极力鼓吹自由、民主等价值原则的所谓"普遍性",而极力掩饰普遍价值背后的特殊利益诉求;新自由主义强调彻底的市场化、自由化和私有化对经济发展的推动作用,却极力贬低适当的国家干预和政府管制对提高资源配置效率的积极作用,无视收入分配和社会公正对维系社会稳定和经济持续发展的基础和前提地位;新自由主义强调参与经济全球化对发展中国家的重要性,对全球化的风险以及在经济全球化过程中不同国家之间的利益的不公正分配却讳莫如深。新自由主义改革进程往往是极其激进的,追求在尽可能短的时间内摧毁原有国家干预性的经济基础,建立自由放任的市场经济体制,不管付出多大代价也在所不惜。

这种片面的和激进的新自由主义改革必然违背经济发展的客观规律。它在解决一些问题的同时,往往带来更多更严重的问题,因而往往使一个国家付出远远超出改革收益的巨大代价。20 世纪 70 年代智利和 90 年代以来阿根廷的情况表明,新自由主义结构改革的极端性、片面性和激进性的本质特征,决定了它不可能正确处理改革、发展与稳定的关系,特别是它无力保持改革发展所必需的经济发展和社会稳定。正如上面所指出的,新自由主义改革模式造成拉美经济宏观与微观脱节、局部与整体脱节、使原本就不稳定的宏观经济更加脆弱,最终导致 90 年代多场危机的爆发以及严重的社会问题。因此,新自由主义改革即使短期内可以取得一些局部的进展,但它并没有真正改善大多数拉美国家的经济状况,也无法赢得长久的民众支持,因而在总体上是"不可持续的"①。

新自由主义改革模式暴露了作为其指导思想的新自由主义经济学的根本性缺陷和错误。新自由主义极力鼓吹市场神话,不仅认为市场具有自我矫正机制,可以自动实现资源的最优配置和经济的稳定增长,同时,市场也被看作个人自由的保障,从而被赋予一种道德上的优越性。新自由主义经济学的一个基本假设是:国家干预经济活动的自由,导致资源配置的低效率。因而,新自由主义经济学的基本立场是反对一切限制经济自由的国家干预,反对国家对收入实施再分配。它要求彻底摒弃一切压制"自由"的经济体制,无论这种体制是计划经济的还是带有民族主义色彩的市场经济,只要这种

---

① 　Interview with Ricardo Ffrench-Davis to his book—*Reforming the Reforms in Latin America*：*Macroeconomics Trade*，*Finance*.

经济体制中带有国家干预的色彩，新自由主义都予以反对。

然而，现代信息经济学和行为经济学的发展充分证明，信息不充分、不对称、外部性以及人类行为在特定情形下的非理性特征会导致市场失灵。因此，无论是提高资源配置效率，还是维系经济运行的稳定，国家干预都是必需的。问题的关键不是要不要干预，而是如何干预，干预到什么程度。新自由主义的经济理念则与之背道而驰，它不是客观公正地看待国家与市场的关系，相反，正如一位著名学者所指出的，"新自由主义的基本错误在于其对市场作用的不加批判的、理想化的想象"①；新自由主义结构改革"建立在一个关于市场经济如何运作的错误概念以及对政府作用的不适当的分析基础上"②。这种对国家和市场关系的扭曲是新自由主义结构改革极端性和片面性的经济思想基础。

新自由主义的改革模式以及支撑这种改革模式的经济思想不是凭空而来的，它归根结底是自由至上主义意识形态在经济领域的延伸。新自由主义核心思想是主张建立一种在个人主义基础上的自由至上主义价值观，强调自由在整个价值体系中的优先地位，反对集体主义价值观和方法论。新自由主义政治哲学标榜价值的普遍性，但实际上有其特定的利益取向。新自由主义的自由乃是一种强者的自由，它本质上是强权国家和垄断资本为实现其全球目标而设计的一套政治哲学，其利益取向与民族主义的国家利益是截然对立的。基于反集体主义的意识形态，新自由主义在政治上坚决反对社会主义和民族主义的政治制度，在经济上坚决反对国家干预，其

① Waligorski, C.P., *The Political Theory of Conservative Economists*, Lawrence: University Press of Kansas, 1990, p.186.
② Stiglitz, J.E., "Whither Reform? Toward a New Agenda for Latin America", Santiago Chile, 2002, p.2, https://www.cepal.org/prensa/noticias/comunicados/1/10891/stiglitz-version 120603.pdf.

基本目的是为霸权国家和垄断资本的全球扩张提供意识形态掩护。

弗兰奇·戴维斯指出,拉美新自由主义改革中的意识形态成分太多。[①]威廉姆森也承认拉美改革被过度意识形态化了。这毫不奇怪,新自由主义改革模式是强权国家制定并在拉美国家强制推行的,是一种新帝国主义经济范式,它当然要满足西方霸权国家和国际垄断资本在政治和经济方面的利益诉求,而不会以拯救拉美国家经济为目的。正因为新自由主义改革的过度意识形态化,它对市场实际如何运作及其成熟程度并不关注,它的根本目标首先是破坏民族主义的政治体制和经济基础,在此基础上,再建立一种新的、有利于强权国家实施控制的经济和政治体制,最终将这些国家置于自己的控制之下。新自由主义片面的私有化和自由化改革,都是服务于这一目标的。新自由主义改革模式之所以不顾各国具体情况,在任何条件下都坚持采取激进的改革模式,其目的是迅速建立新的、符合特定利益诉求的社会政治、经济结构和秩序,从而使改革进程不可逆转。

可以肯定地说,拉美新自由主义改革模式的问题并非简单的学理上的缺陷,而是深深植根于新自由主义意识形态特定的利益诉求。一位拉美学者也指出,拉美改革的失败"既不能归结于政策的执行,也不能归结于理论的不严格,是政策制定者的价值观和偏见所致"[②]。可见,基于反民族主义的政治哲学和经济思想,由与拉美国家利益取向截然对立的外国设计并操控的新自由主义改革,是无论如何不会促进拉美的国家利益和民族经济的。因此,拉美结构改

---

① Ffrench-Davis, *Reforming the Reforms in Latin America*: *Macroeconomics*, *Trade*, *Finance*, London: Macmillan Press Ltd., 2000, p.5.

② Ramos, J., *Neoconservative Economics in the Southern Cone of Latin America*, *1973—1983*, Baltimore, MD: The John Hopkins University Press, 1986, p.183.

革的失败从其接受新自由主义模式的那一刻起就已经不可避免。

新自由主义改革的意识形态化不仅仅受外部因素的影响,拉美国家必须首先从自己开始检讨。拉美国家的意识形态原本就在民族主义与自由主义之间摇摆不定。苏联的解体和美国单极霸权格局的建立,使主要拉美国家坚持民族主义发展道路的最后一点信心丧失殆尽。20世纪90年代初,在"社会自由主义"和"新庇隆主义"的旗号下,墨西哥和阿根廷的意识形态首先发生蜕变——从民族主义蜕变到新自由主义。这种意识形态的蜕变同时深刻地影响了这两个国家的经济发展模式,原来奉行的独立自主的、以进口替代工业化为特征的发展模式被彻底摒弃,通过新自由主义结构改革,使本国经济融入美国主导的全球化进程。然而,这些国家没有真正理解意识形态、经济思想与国家发展的关系。它们在转向新自由主义之后,将新自由主义的意识形态"预置于极端理想化的经济构想中,这决定并塑造了它们对现实的解释"[①]。它们轻易地相信私有化、自由化和市场化是一种普遍的经济法则,会自动导致经济的发展;它们以为只要解除国家干预,放任市场发挥作用,就可以建立健康的市场经济体制;只要按照新自由主义的教条,实施完全的自由化和私有化,所有问题随着新自由主义改革的推进都会自动得到解决,经济就会自动实现增长。它们忽视了国家间相互竞争的本质,幼稚地把关贸总协定(GATT)和世贸组织(WTO)视为一个公平和透明的制度框架,认定全球化对它们的国家意味着更大的发展机遇,认定只要改革,改革越快,发展就会越快。然而,真正影响经济发展的关键因素——合理的经济干预、有效的资本积累、自主的技

---

① Ramos,J.,*Neoconservative Economics in the Southern Cone of Latin America*,*1973—1983*,Baltimore,MD:The John Hopkins University Press,1986,p.183.

术进步以及建立在这些因素基础上的产业竞争优势和国家竞争力，却被拉美国家所忽略。

实际上，拉美国家不仅对新自由主义政治哲学与经济理论的认识和理解是粗浅和错误的，它们对于发达国家也抱有某种不切实际的期望，这使它们轻易接受美国的诱导，匆忙投入全面的新自由主义改革。拉美政治家幼稚地以为，在意识形态上向美国靠拢，会得到美国不遗余力的支持。而得到美国的支持，就意味着改革立于不败之地，意味着改革者国内政治地位的稳固。这完全是他们一厢情愿的想法。在改革前，美国可以毫不吝惜地给予一国某种政治或经济上的好处①，而一旦这个国家实施了新自由主义改革，在政治和经济方面形成了对美国的依附，美国将随之采取一种完全不同的态度。正如阿根廷危机中一些国际组织的态度所表明的，除非危机可能导致美国利益受损，美国绝不因为某个国家进行市场化改革，就无条件地施以援手。美国对墨西哥的迅速救援，只是个特例，对其他国家一般并不适用。

新自由主义改革模式失败的必然性，早已为历史所证明。美国和英国20世纪80年代的新自由主义试验，是极其不彻底的，保留了大量国家干预的政策，与其在其他国家所推行的改革模式不可同日而语。新自由主义模式不仅加剧了西方社会的失业和收入的两极分化，而且它"在经济表现的主要方面要比管制资本主义模式差"②。阿根廷已经不是第一次进行新自由主义的改革，早在70年代就进行了新自由主义试验，只经过三年就因为引起经济和社会的动荡而草草收场。90年代俄罗斯休克疗法是历史上最为激进的新

---

① 例如，为褒奖梅内姆在实施新自由主义改革方面的"成就"，1997年，克林顿在访问阿根廷期间，宣布给予阿根廷"非北约盟国"的特殊待遇。

② 李其庆：《全球化背景下的新自由主义》，载《当代世界与社会主义》2003年第6期。

自由主义改革之一。其结果是,在转型后的几年中,俄罗斯政局混乱,经济急剧衰退。从 1990 年到 1998 年,GDP 下降近 42%,1998年固定资产投资只有 1990 年水平的 17.5%。1990—1994 年的年均通胀率为 927.58%,1994 年到 1998 年虽然有所下降,但仍然高达61.5%。同样,俄罗斯的社会状况也持续恶化,经济掌握在少数几个寡头手中,使 1997 年俄罗斯的基尼系数达到 0.50,广大民众普遍贫困,贫困人口由 1988 年的 2%上升到 1995 年的 50%。[1]普京任总统后,从 1999 年至今,采取了一系列措施,加强国家对经济的干预,反击寡头对经济的控制。普京赢得第二次大选的胜利,实际上宣告了新自由主义改革在俄罗斯的终结。

有一种观点认为,拉美的改革仍在进行之中,现在作出判断还为时尚早。这种观点表面看来似乎既客观又全面,实际上存在两个关键的疏漏:(1)对改革的评价,究竟多长时间是适宜的,没有客观统一的标准。用凯恩斯的话说,从长期来看,我们都将死去。因此,对改革的研究必然是阶段性的。如果要等到 100 年以后再来评价现在的事情,那是历史研究而不是现实研究了。(2)未考虑可能发生的改革性质上的变化。任何国家的改革模式都不是一成不变的,时间越长,改革的方向和性质发生变化(如下面即将讨论的智利的情况)的可能性越大。如果不能正确识别这种变化,将对某种改革模式成效的评价产生直接的影响,甚至得出完全错误的结论。对拉美新自由主义改革而言,既然改革的问题出自新自由主义改革模式,则不摒弃这种改革模式,无论多长时间也不会取得应有的成效。

新自由主义改革的失败,是否可以像一些西方学者所宣扬的那

---

① ISCCIS, *The Main Macro-economic Indicators of the Common Wealth of Independent States 1991—1999*, Moscow, 1999.

样,可以通过所谓第二代改革加以补救呢？至少在新自由主义框架之内,关系国家发展的根本性问题是无法解决的。比如,宏观经济稳定问题,这是由新自由主义反对必要的国家干预、一味鼓吹市场神话的必然结果。从 20 世纪 70 年代的智利新自由主义实验开始,经济动荡就伴随新自由主义的改革,到最近的阿根廷危机,仍然如此。再比如收入分配两极分化问题。这个问题产生的直接原因在于"新自由主义的改革日程预先排除了任何对分配问题的关注"①。把分配问题排除在改革议程之外的根源,不是所谓政策制定的疏忽,而是其自由至上、反对分配平等、排斥社会公正的价值取向的必然要求。新自由主义也不可能解决产业竞争力和国家经济安全问题。新自由主义维护发达国家和强势阶层的利益,它的根本目的是突破民族国家对弱势产业的经济保护,削弱民族国家的主权及其经济基础,建立一个维护霸权国家和垄断资本利益的政治秩序与经济秩序。这种国际分工强调的是一种静态的比较优势,而不是真正的竞争优势。一旦被纳入这种国际分工,弱势国家就无法发展,无法真正建立具有国际竞争力的战略性竞争优势的产业,更谈不上维护国家的经济和军事安全。

显然,拉美新自由主义经济改革产生的经济和社会问题,都是新自由主义政治哲学和经济思想内在矛盾的体现,是完全内生于新自由主义改革模式之中的,是与新自由主义的政治哲学和经济思想不可分割的。除非它放弃市场原教旨主义的经济思想,除非它放弃自由至上、排斥公正、带有明显社会达尔文主义色彩的价值理念,除非它放弃反民族主义、反社会主义的政治理念,否则,任何新自由主

---

① Kuczynski, P. and Williamson, J. eds., *After the Washington Consensus: Restarting Growth and Reform in Latin America*, Washington D.C.: Institute for International Economics, 2003, p.327.

义的替代改革都无法从根本上解决这些问题。然而，对新自由主义这样一个意识形态体系而言，令其放弃核心的价值信仰，或者放弃政治和经济上的利益诉求，是没有任何现实可能的。因此，即使西方主流学者制定出所谓第二代改革的"日程"，只要这种新的改革"日程"仍然是新自由主义的，就不可能真正触动新自由主义的价值原则，也不可能真正以拉美国家的利益为依归。即使作出局部的让步，也只能延缓而无法避免矛盾和危机的发生。

三、 如何看待智利 20 世纪 90 年代的改革与成就？

评价拉美经济改革，智利是一个必须重点关注的国家。这不仅仅因为智利在拉美最早进行全面新自由主义"试验"，而且因为在过去的十几年中，智利一直是拉美改革的亮点，是拉美地区唯一保持持续、稳定增长的国家。国际金融机构和西方主流学者因而把智利作为新自由主义改革模式未曾失败的关键的证据。在他们看来，智利 20 世纪 90 年代的成功，印证了他们对拉美改革的一个基本判断——拉美改革的主要问题是"改革不完全彻底"。他们竭力说服其他拉美国家相信，只要经受住改革初期的一段考验，继续按照新自由主义模式推进改革，改革的成效最终就会显现出来——像智利一样恢复经济的增长。

西方主流学者对智利的经济改革的新自由主义解读，使智利成为拉美新自由主义结构改革研究的焦点国家。不管西方学者的这种逻辑是否成立，如何看待智利改革的成效，是从理论上证明新自由主义改革失败必然性必须面对的一个问题。这个问题的实质不是考证智利 20 世纪 90 年代以来是否存在经济发展，而是要辨别新自由主义改革与"智利奇迹"之间是否存在因果关系。这里，有两个更为基本的问题必须首先弄清楚:一是新自由主义改革的本质特征是什么? 二是智利 90 年代以来的改革能否被定性为新自由主义改革? 显然,如果智利改革在 90 年代仍然是新自由主义的,那么可以认定智利的经济成功应该归因于新自由主义改革。反之,如果智利 90 年代的改革是非新自由主义的,那么,新自由主义的失败即可以从反面得到证明。

对于第一个问题,需要专文进行探讨,这里只提出一些基本的观点。

首先,新自由主义改革的本质特征,不能仅仅从新自由主义改革的具体内容入手,而必须从新自由主义的政治哲学、经济思想及其作为强权国家意识形态工具和经济思想武器的角度进行分析。正如前面所述,新自由主义的特征可以概括为三点,即改革目标的极端性、改革内容的片面性与改革过程的激进性。新自由主义结构改革的这一特征,是由新自由主义极端自由主义的政治哲学、反对国家干预、反对收入再分配的经济思想,以及服务于霸权国家和垄断资本利益的意识形态所决定的。

一些学者根据威廉姆森提出的"华盛顿共识",将新自由主义改革模式概括为"三化",即"私有化、自由化和市场化"。这种概括固然反映了新自由主义改革的一些具体内容,却并没有抓住新自由主义改革的本质特征。因为"三化"不是新自由主义独有的,几乎所有的自由主义的思想都不同程度地主张"三化"。任何集权经济国家,在其向市场经济转轨期间,都不可避免地会发生"三化"。同样应该看到,"三化"不一定导致经济危机,只有执行新自由主义的"三化"的国家,才几乎无一例外地发生危机或动荡。

在一定意义上,与其说"三化"代表新自由主义改革的本质,不如说"三化"是建立市场经济体制的普遍要求。新自由主义是向市场经济转轨的一条路径，但不是唯一的路径，不能反过来说凡是向市场体制过渡都是新自由主义的。"三化"有一个时机、方式和度的问题，新自由主义与非新自由主义经济改革模式的区别，不在于是不是实施"三化"，而在于基于什么目的、在什么条件下、用什么方式、实施什么程度的"三化"。同样是市场经济转轨，同样是"三化"，由于根本的目的不同，会遵循不同的改革路径和改革模式，"三化"的利益指向必然有所差别，甚至截然相反。因此，把新自由主义简单地概括为"三化"即使不是完全错误，至少也是不准确的。

从改革模式来看，智利 20 世纪 70 年代至 80 年代中期的改革应属新自由主义的改革。为建立完全"自由、开放"的市场经济，智利在军政府上台后的短短一个月内，就迅速放开了原来由政府控制的 3000 多种商品的价格，到 1978 年，受国家控制价格的商品从原来的 2 万种减少到 8 种。[①]不仅如此，智利还全面推动金融自由化，到 1975 年年底彻底实现利率自由化，1979 年全面开放资本市场。智利实施了世界上最激进的贸易自由化改革，仅仅用五年半时间，就将平均关税税率由 94％降到 10％，大部分非关税壁垒以及对外国投资、外国贷款和外汇转移的限制被取消。智利的私有化也进行得非常彻底，在新自由主义改革的头五年，智利 90％的国有企业被私有化，国有经济在国家经济中的比重甚至低于同期的法国和英国。当然，智利保留了国有铜矿等少数大型国有企业，但保留这些企业完全出于实用主义的考虑，而不是为了捍卫传统的经济思想和发展理念。

以上的所有改革，都是在改革开始后的五六年内完成的，改革力度之大、涉及内容之广，从任何角度评价，智利的改革都称得上是

①　王晓燕：《智利—拉美新自由主义改革的先锋》，载《拉丁美洲研究》2004 年第 1 期。

典型的"休克式"的激进改革。毫不夸张地说,智利是遵循新自由主义改革模式的典范。然而,令军政府始料不及的是,激进的改革没有带来预期的经济增长,它先是在 20 世纪 70 年代中期导致了急剧的衰退,在出现短暂的"奇迹"之后,于 70 年代末重新跌入严重的经济和社会危机之中。而且,在很大程度上,智利危机的成因都与 90 年代拉美新自由主义改革的情形极其相似:金融市场的自由化加大了宏观经济的脆弱性;外资涌入导致的币值高估,使智利出口受阻,贸易逆差扩大;贸易自由引起的外国商品的涌入,使大批缺乏竞争力的本国企业破产;私有化大大削弱了国有经济的基础,而本国私有企业未能迅速成长起来。

一组数字最能说明智利当年新自由主义改革的"成果"。从 1960 年到 1973 年,智利实行贸易替代政策期间,经济实际增长率达到年均 4.4%,从 1973 年到 1987 年,这一数字仅为 2.6%;在 1960—1973 年间,智利的出口年均增长 5.5%,而 1973 至 1987 年,年均增长仅为 0.8%。智利的经常项目赤字在 1970 年为 1.6 亿美元,1980 年增加到 11.2 亿美元,经常项目的赤字不得不依靠外债来弥补,偿债比率从 1970 年的 33.5%激升到 1977 年的 49.2%。[1]1975—1979 年,智利的城市失业率从未低于 13%。20 世纪 80 年代,智利城市失业率平均超过 15%,1982 年高达 20%,随后的三年也从未低于 17%,在拉美国家中,仅仅低于玻利维亚。[2]1974 年,智利实际工资比 1970 年下降 37.1%,到 1980 年仍然只有 1970 年的 89.2%。1977—1987 年间,智利最低工资的购买力降低 40%,平均最低月收

[1] Foxly, A., *Latin American Experiments in Neoconservative Economics*, Oakland: University of California Press, 1983, pp.46—47.
[2] ECLAC, *Preliminary overview of the Economies of Latin American and the Caribbean 2003*, p.10.

入低于委内瑞拉、阿根廷、墨西哥和巴西。正如一位拉美学者所指出的,"按照任何客观的标准,智利的新自由主义计划都必须被定义为失败"①。

经过"休克式"的新自由主义结构改革之后,智利的经济元气大伤。20 世纪 80 年代初期,债务危机的爆发和石油价格的上涨使智利的经济形势雪上加霜。1981 年智利的经常项目赤字占 GDP 的比率高达 14.5%,1982 年的经济增长率为 - 14.3%,失业率超过 25%。②由于私有化了的银行系统资金短缺,而借助金融资本膨胀起来的私人企业,在得不到资金支持的情况下大量倒闭,给金融和银行系统造成很大冲击。在这种情况下,智利的新自由主义改革已经无法再进行下去。从 1985 年开始,严重的经济和社会危机使皮诺切特军政府被迫中止激进的新自由主义改革。例如,智利政府不得不中断私有化进程,甚至将私有化了的银行和企业重新收归国有。虽然在 80 年代后期私有化进程一度恢复,但私有化的力度已经大大减缓。同时,军政府开始摒弃片面强调市场化和自由化的新自由主义教条,开始重视和强调产业竞争力,并重新建立对资本市场的监管。总之,经济危机迫使军政府对国家干预的态度发生了转变。

文人执政后,智利继续深化了"对改革的改革"。艾尔文总统执政期间,虽然关税继续有所下降,但国家在维护宏观经济稳定中的作用继续得到加强。在采取灵活的汇率政策的同时,智利强化了对金融体系运行的监管,同时,特别是智利 20 世纪 90 年代未按国际

① Cypher, J. M., "Latin American Structurelist Economics: An Evaluation, Critique, and Reformulation", in Dietz, J.L. and James, D.D. eds., *Progress Toward Development in Latin America*, Boulder & London: Lynne Rienner Publishers, 1990, p.59.

② IDB, *Economic and Social Progress in Latin America 1985 Report*.

货币基金组织的要求全部开放资本市场,而是在 1991 年至 1996 年间,通过实施无息准备金政策,对资本市场实施有限度的管制,抑制了大量短期资本的流入。这些措施在维持智利宏观经济稳定方面发挥了重要作用,从而使智利避免了爆发类似墨西哥那样的金融危机。威廉姆森在其最近的一本新书中承认,智利之所以没有发生危机,关键在于"当市场对新兴市场充满热情时,智利限制短期资本的流入,而其他拉美国家没有这样做"①。

文人政府在恢复适度国家干预的同时,也致力于纠正新自由主义改革模式中忽视收入分配的社会达尔文主义的倾向。艾尔文政府通过税收改革和劳工法改革,提高了实际工资,降低了失业率,智利的收入分配发生了有利于普通民众阶层的转变。同时,智利政府增加社会支出在财政预算中的比重,通过制定实施反贫困计划,解决新自由主义结构改革带来的严峻的社会不公正问题。这些措施收到明显的成效,智利的贫困人口比重由 1987 年的 45% 下降到 1996 年的 23%。②

从以上分析不难看出,智利 20 世纪 80 年代中期以后的改革不是一个成功改革的延续,恰恰相反,它是在新自由主义改革遭到失败的基础上进行的。尽管智利 90 年代"接近达到了改革的预期目标",但以 80 年代中期为界,智利的后续改革举措,既与新自由主义的教条格格不入(新自由主义是绝对反对任何限制经济自由的干预、管制和收入再分配的),也"与 90 年代初的时尚相悖"。③从表面上看,智利仍然致力于建立开放的市场经济,但实际上智利改革的

---

① Kuczynski, P. and Williamson, J. eds., *After the Washington Consensus: Restarting Growth and Reform in Latin America*, 2003, p.327.

② Ffrench-Davis, *Reforming the Reforms in Latin America: Macroeconomics, Trade, Finance*, London: Macmillan Press Ltd, 2000, p.13、161.

③ Ibid., p.13.

指导思想发生了重大的转变,特别表现在前后两种改革模式中国家的作用、民众在改革中的地位和影响都发生了根本的变化。恢复了国家对经济的干预,放缓了改革的力度,注重保持宏观经济的稳定,强调提高国家的产业竞争力,强调在实现经济增长的同时,保持收入分配的相对公正。

一些学者声称,智利20世纪90年代的经济增长,是在七八十年代新自由主义结构改革的基础上取得的,没有前面的改革过程,就不会有后面的智利奇迹。这种观点的问题仍然在于,它把新自由主义预设为拉美国家改革的唯一路径,正如前面所指出的,这是一个缺乏充分理由和证据的假设。这种观点的另一个问题是,没有区分新自由主义改革与非新自由主义的市场取向改革之间的不同,而把90年代的改革想当然地视为80年代新自由主义改革的延续。实际上,基于前面指出的理由,20世纪90年代前后的智利改革,并不存在那种理论上的连续性,而属于两种完全不同的改革模式。因此,智利90年代的成功,不能简单地认为是新自由主义改革模式的成功,恰恰相反,它是基于80年代中期以前新自由主义改革的教训,修正和摒弃新自由主义改革模式的结果。

关于拉美改革相关的国际争议,远远超出了一般学术争论的范畴,它反应了两种不同的利益和两种不同意识形态的冲突和对立。因此,对这一问题进行分析,必须立足于20世纪70年代以来国际政治与经济竞争的高度进行分析,而不能仅仅局限于经济的层面。对多数拉美国家而言,新自由主义改革是在错误的时间,以错误的方式进行的一场错误的改革。改革的失误,并不完全在于拉美国家自身。在很大程度上,新自由主义改革是被强加于拉美国家的,而非其主动的选择。改革的意识形态色彩以及特定的利益诉求,决定了它必然与拉美国家的根本利益发生抵触,拉美国家的经济发展不可能成为这场改革的真正目标。这是拉美改革失败的必然性所在。

对智利的改革评价,关键是分清新自由主义改革与非新自由主义市场经济改革之间的区别,分清不同时段改革性质上的差异。简单地把新自由主义与市场化和自由化挂钩,容易造成把新自由主义改革模式与其他向市场经济的转轨模式混淆起来,不仅不能辨别智利 20 世纪 90 年代经济发展与新自由主义改革的关系,还会把 90 年代以来的文人执政简单地理解为对皮诺切特军政府新自由主义改革模式的延续,把智利经济发展的功劳错记到新自由主义的头上。

下　篇

消解社会思潮极端化的中国经验:

价值引领与防范路径

以社会主义核心价值体系引领
社会思潮的着力点

张耀灿 杨 静[*]

　　坚持以社会主义核心价值体系引领社会思潮是《中共中央关于构建社会主义和谐社会若干重大问题的决定》作出的一个重大理论创新，是我们党深刻总结历史经验、科学分析当前形势作出的一项重大决策，也是党领导全体人民构建社会主义和谐社会的一个重大政治课题。《决定》强调："建设和谐文化，是构建社会主义和谐社会的重要任务。社会主义核心价值体系是建设和谐文化的根本。"因此，用社会主义核心价值体系引领社会思潮是抓好建设和谐文化这个根本的重要体现，是提高我们的文化自觉、努力建设和谐文化的必然要求，也是文化建设准确定位和占领文化发展战略制高点、掌握文化建设主动权的中心环节。只有高扬社会主义核心价值体系伟大旗帜，引领多样化的思想观念和社会思潮，尊重差异，包容多样，才能最大限度地形成社会思想共识。为此，弄清以社会主义核心价值体系引领社会思潮的着力点具有重大现实意义。

──────────

[*]　张耀灿，华中师范大学政法学院教授、博士生导师，研究方向为马克思主义理论与思想政治教育，思想政治教育基本理论。该文原载《思想理论教育》2007年第10期。

一、以社会主义核心价值体系引领社会思潮必须坚持核心价值体系的主导地位

坚持社会主义核心价值体系的主导地位，主要是要推进理论创新、深入学习宣传，从而增强核心价值体系的说服力、感染力、影响力和竞争力。

（一）推进理论创新，增强社会主义核心价值体系作为主导价值观的说服力和竞争力

社会主义核心价值体系是一个与时俱进、充满创造活力的体系。马克思主义具有与时俱进的理论品质，中国特色社会主义共同理想是科学社会主义与中国社会主义建设实际和改革开放的具体实践结合的产物，以爱国主义为核心的民族精神和以改革创新为核心的时代精神是中华民族团结统一、爱好和平、勤劳勇敢、自强不息的文明传承，社会主义荣辱观是中华民族传统美德、优秀革命道德与时代精神的创造性结合。①作为引领社会思潮的精神旗帜，社会主义核心价值体系还需要不断丰富和完善，不断提升其作为主导价值观的科学性和先进性。

第一，加强马克思主义理论研究与建设，加强马克思主义经典著作的编译与研究。用创新的理论指导马克思主义基础学科的建设，指导哲学社会科学的繁荣和发展。坚持不懈地用马克思主义中国化的最新成果武装全党、教育人民，使之真正深入头脑、扎根人

---

① 张理海：《坚持以社会主义核心价值体系引领社会思潮》，载《西安政治学院学报》2006 年第 12 期。

心,转化为广大干部群众的自觉行动。第二,充实中国特色社会主义共同理想的科学内涵。伴随着社会的进步、文明程度的提高,中国特色社会主义共同理想的内涵也要不断地丰富。中国特色社会主义事业总体布局已由"三位一体"丰富发展为经济建设、政治建设、文化建设、社会建设"四位一体",共同理想也就应该丰富为建设富强、民主、文明、和谐的现代化国家。第三,创新民族精神和时代精神。支撑中华民族生生不息、薪火相传的民族精神和激励中华民族开拓进取、勇于创新的时代精神都要发扬光大。既要弘扬传统民族精神,发掘传统的优秀的价值品质和价值魅力,又要彰显时代主流价值,突出时代先锋和模范人物所体现的价值精神。第四,创新社会主义荣辱观。按照构建社会主义和谐社会的要求和人的全面发展的要求不断丰富社会主义荣辱观的内涵和外延,逐步形成全体社会成员都能自觉接受、普遍奉行的社会主义基本道德规范。

坚持推进在实践基础上的理论创新,关键是要用不断发展完善的社会主义核心价值体系指导实践,回答和谐社会构建中的重大现实问题和群众的思想热点问题,在回答和解决问题上体现出核心价值体系对于其他社会思潮的理论优势,提升引领社会思潮的能力和魄力。在指导实践的过程中自觉接受实践的检验,立足新的实践,总结新的经验,不断作出新的理论概括,使社会主义核心价值体系不断与时俱进,从而具有和保持强大的说服力、感召力和吸引力,真正成为引领社会思潮的主导力量。

(二)深入学习宣传,增强社会主义核心价值体系作为主导价值观的影响力和感召力

广泛宣传、深入贯彻社会主义核心价值体系,在全社会广泛营

造学习、掌握、奉行核心价值体系的良好氛围，才能最大限度地团结不同阶层、不同认识水平的人共同前进，才能使核心价值体系真正成为全民族奋发向上的精神力量和团结和睦的精神纽带。

要把学习、宣传、培育社会主义核心价值体系融入国民教育和精神文明建设全过程，贯彻到社会主义现代化建设各方面。充分发挥报刊、电视、广播、网络等大众传媒的作用，深入、广泛、持久地宣传社会主义核心价值体系，在全社会营造学习贯彻社会主义核心价值体系浓厚热烈的氛围，使核心价值体系为广大民众所熟知、所认同、所接受。同时，还要充分发挥思想理论工作者的作用，对不同的教育对象，采取有针对性的方法和手段来解释和宣传社会主义核心价值体系的精神要义，总结和推广以社会主义核心价值体系引领社会思潮的实践经验，阐明和论证以社会主义核心价值体系指导和谐文化建设与和谐社会构建的科学性和合理性。

宣传贯彻社会主义核心价值体系，还须把先进性要求和广泛性要求结合起来。要针对社会成员精神文化需求的不同层次，构建核心价值体系宣传教育的多层次平台。在理论教育领域，要集中力量抓好党员干部和大学生这两大重点群体的马克思主义理论教育和理想信念教育，以延续党的思想之脉。①在日常生活领域，对广大群众来说，要集中进行共同理想教育、爱国主义教育和道德教育，循序渐进地帮助人们提高思想道德水平和精神文化水平。这样，就可以扩大社会主义核心价值体系在全社会的影响力和竞争力，联结和引导不同觉悟程度的人们一起向上，形成凝聚亿万人民的强大精神力量。

---

① 陈锡喜：《社会主义和谐社会的构建与社会主义意识形态的重构》，载《理论探讨》2007 年第 1 期。

二、 以社会主义核心价值体系引领社会思潮必须科学 认识社会思潮

要巩固社会主义核心价值体系在意识形态领域的主导地位,就必须坚持马克思主义的科学批判精神,加强对当代中国社会思潮的研究。只有科学认识社会思潮,才能牢牢把握引领社会思潮的主动权。广义的社会思潮一般是指在一定时期内,反映某一阶级、阶层或集团的利益和要求,在某一国家社会生活中广泛传播,对社会生活产生某种程度影响的思想趋势或思想潮流,包括群众的思想热点和兴奋点,往往是一定时期社情民意的表达。[①] 狭义的社会思潮是指在相当范围内自发地流行和传播,为较多的人们所信奉和赞同的,具有一定理论深度的、比较成熟的、理论性强的思想观点和学术理论。本文侧重研究狭义的社会思潮。以马克思主义为指导科学认识社会思潮主要应抓好以下几个方面的工作。

(一)剖析社会思潮的本质内容

社会思潮为了发挥政治影响,往往以多种表现形式或公开或隐蔽、或系统或散乱、或学术或思想地表达其政治主张,其内在本质往往被大量非本质的现象掩盖着。这就要求我们研究和透视社会思潮产生和发展的脉络,分析其主要理论观念、政治诉求、基本特征,从而揭示社会思潮的本质内容。例如,对新自由主义思潮,就应研究、弄清它的演变历史,对作为西方经济理论的新自由主义和对以1990年"华盛顿共识"出笼为标志作为国际垄断资本主义主流意识

---

① 赵曜:《当代中国社会思潮透析》,载《中国特色社会主义研究》2002年第1期。

形态的新自由主义就不能一概而论，而应区别对待。又如，当前，在我国思想领域掀起了一股所谓"重新讨论社会主义"的热潮，其中民主社会主义思潮打着"社会主义"的旗号，鼓吹"只有民主社会主义才能救中国"。但我们从它反对无产阶级政党掌握政权，主张资产阶级掌握政权的多党制，反对公有制占主体，主张实行私有化，反对马克思主义为指导思想，主张指导思想多元化等方面，便可揭示其本质是把社会主义看成资本主义条件下无止境的价值追求目标，而不主张超越资本主义，归根到底是反马克思主义、反科学社会主义、违背四项基本原则的。

（二）评判社会思潮的社会作用

社会思潮因为自身属性与历史发展存在着正向和负向关系，往往会对社会发展产生积极的促进作用或不良的破坏作用。当前我国流行的一些社会思潮总体上看具有可资借鉴的合理成分，应当肯定其在一定程度上的进步作用，但也不能忽视其阻碍社会发展和人类进步的负面影响，要客观公正全面地评价其社会作用，以便能正确引领社会思潮。比如，民主社会主义比起自由主义和保守主义是一个进步，民主社会主义在某些方面如在提倡社会保障、促进社会公平、促进人与自然协调发展方面所积累的经验，对建设中国特色社会主义有一定的借鉴意义。但民主社会主义从最初把建立社会主义制度作为目标，逐步发展为仅仅把社会主义作为一种价值追求，进而把社会主义从人类社会发展阶段的选项中排除出去，最后认为资本主义已经无可取代，这是历史的倒退。从这方面看，民主社会主义思潮对我们坚持中国特色社会主义道路起的是消极作用，是主要危险之一。

（三）预测社会思潮的发展趋向

我们要事先通过对社会思潮的本质内容、社会作用、演变规律等进行调查分析，预先估测其可能的蔓延速度和范围、可能产生的负面和正面影响，好的苗头就积极引导，不好的苗头便及时制止，力求将思潮可能出现的消极影响消灭在萌芽状态。20 世纪 80 年代后，西方的民主社会主义思潮迅速向苏联和东欧蔓延，导致这些国家共产党纷纷被社会民主党取代，社会制度演变为资本主义制度。2007 年初以来，我国的民主社会主义思潮开始回潮，我们应充分估测到这种思潮的蔓延可能会造成国内一定程度上的思想混乱和政治动荡，高度关注这一理论动向，警惕其泛滥。为此，应引导人们学习胡锦涛 6 月 25 日在中央党校的重要讲话，大力宣传"四个坚定不移"，把人们的思想统一到高举中国特色社会主义伟大旗帜上来。

坚持以社会主义核心价值体系引领社会思潮，就是要以此为依据来引导人们分辨各种思潮的性质和作用，在潮来潮去、潮涨潮落的社会思潮面前正确划清马克思主义与反马克思主义思潮和非马克思主义思潮的界限，增强政治敏锐性和政治鉴别力，推动正确的社会思潮，反对和抵制各种错误思潮，促成全社会广泛而深刻的价值认同和团结和谐。

三、 以社会主义核心价值体系引领社会思潮必须尊重差异、包容多样

海纳百川，有容乃大。尊重、包容是人类文明形成和发展的重要原因，也是人类文明、社会进步的重要标志。面对多样化的社会思潮，只有善于做到"尊重"和"包容"，才能有效发挥"引领"作用。

只有在尊重差异中才能扩大社会认同，只有在包容多样中才能增进思想共识。应当注意，尊重差异、包容多样必须坚持两个基本原则：一是坚持社会主义核心价值体系的主导地位的原则，丝毫不能放弃或削弱其主导地位，这样才能做到多元化社会思潮的"和而不同"，才能引导社会思潮之间保持合理张力，避免发生彼此对立和冲突。二是要坚决划清与反马克思主义思潮和非马克思主义思潮的界限。对于社会思潮中的反马克思主义思想，绝不能姑息纵容，任其泛滥，必须理直气壮地揭露、旗帜鲜明地反对各种错误思潮和腐朽思想，绝不能为反马克思主义思潮提供舆论阵地。尊重、包容多样化的社会思潮，主要应从以下几个方面着手。

（一）疏通社会思潮，加强管理

鉴于社会思潮大多属于思想认识问题，因此就要坚持"二为"方向和"双百"方针，创造勇于探索的民主讨论、自由争鸣、畅所欲言、和谐活泼的宽松学术环境，鼓励不同学术观点相互切磋，不同意见充分发表，不压制、阻塞，通过不同观点的争论、商榷，分清良莠，明辨是非。[①]这种疏通，既可以体现出社会主义核心价值体系作为主导价值观念的气度和魄力，又可以体现出社会主义核心价值体系相对于其他社会思潮的理论优势；既可以帮助各种利益群体端正思想，提高认识，又可以调动各方面的积极性和创造性。同时，还必须切实加强对思想理论阵地的管理，密切关注各种社会思潮的理论动态，及时消除指导思想理论上的噪音、杂音，有效防止各种错误思潮可能产生的消极影响，确保社会主义核心价值体系积极健康地引领社会思潮。

---

① 林锦峰：《论社会思潮的预测和疏导》，载《现代哲学》2001 年第 2 期。

（二）客观评价社会思潮，澄清种种偏见和误解

由于多种社会思潮存在着表现形式的多样性、性质和方向的多样性、本质内容的隐蔽性等特点，往往使人难以立即判定其政治倾向和社会作用。这就需要客观公正地向人们介绍这类非马克思主义思潮的本来面目，肯定社会思潮的某些积极作用，帮助大众澄清对各种社会思潮的误解和偏见，获得大众的理解和支持。以宗教为例，宗教在我国往往被人们与愚昧迷信、邪教等观念联系在一起，影响了宗教正常的生存发展空间。这就要求我们帮助群众严格区分宗教和邪教，宣传马克思主义的民族宗教理论和民族宗教政策，宣传宗教在维护民族团结、加强道德建设和促进社会稳定中的积极作用，帮助人们正确认识和对待宗教。

（三）倡导和谐理念，尊重社会思潮的思想差异

非马克思主义思潮属于思想认识和学术理论问题，归根到底是人民内部问题，对于社会思潮产生的一些与主流价值观不一致的分化，也是可以理解和包容的，不能强行要求其信奉者改变信仰。这就要求我们树立"和而不同"的和谐理念，摒弃"见异思迁"的思维定势。尊重多样化社会思潮丰富多彩的文化个性，张扬各种社会思潮独特的文化思维，鼓励各种思潮在坚持社会主义核心价值体系主导地位的基础上优势互补，兼收并蓄，协调发展。例如，基督教相信上帝的存在，我们就不能强行要求基督教信仰者打倒上帝，转而信奉唯物主义、无神论，而要尊重他们的信仰，并研究如何借鉴宗教在凝聚人心、节制自身、培养德性、鼓励善举等方面发挥作用的经验和机理，并争取把宗教信仰者引导到为构建社会主义和谐社会服务中去。

四、 以社会主义核心价值体系引领社会思潮必须最大限度地影响、引导社会思潮

（一）肯定、支持、采纳社会思潮中的合理成分，引导社会思潮发挥积极功能

社会思潮中促进生产发展和社会进步的理论我们要充分肯定和支持，还要采取种种政治或思想的手段如社会舆论、文化政策等予以扶持和保护，并积极吸收借鉴其中的合理成分，用于社会主义和谐社会建设。这种认同必然会使社会思潮的许多研究者或信奉者产生强烈的成就感和归属感，在社会主义核心价值体系的引领下更加积极主动地发挥正面功能。引领社会思潮朝着优化的方向发展，一是借鉴社会思潮合理的观点和主张。例如，生态主义社会思潮关于保护生态平衡、人与自然协调发展的思想，科技革命思潮关于科技革命是强大生命力的思想等，都是有益于推动和谐社会建设的。二是关注思潮所提出的具有普遍社会意义的问题。部分错误思潮提出的经济建设和社会发展方面的问题还是值得我们深入研究的。例如，经济私有化思潮提出的国有企业改革的问题，新自由主义思潮提出的关于提高经济效率以及民主、自由、人权等问题都值得我们在坚持社会主义道路的前提下研究解决。

（二）澄清人们思想中的认识误区和模糊地带，尽可能地化解社会思潮的消极功能

人们由于思想认识水平的局限性，或者受错误思潮的蒙蔽，容易形成一些认识上的困惑或者与社会主义核心价值体系不一致的

认识。这就要求我们以社会主义核心价值体系为指导，耐心地对人们进行说服教育，廓清人们在思想观念和心理上的迷雾，帮助人们端正思想，提高认识，尽可能化解社会思潮的消极功能，引领社会思潮朝着合理的方向发展。例如，对于部分受"台独"势力和民族分裂主义思潮蒙蔽的民众，我们就要用中国特色社会主义共同理想和爱国主义耐心地说服教育，帮助人们树立坚定的国家统一和民族团结的信念及信心，自觉抵制各种危害祖国统一和民族团结的思想和言行。

（三）批判抵制错误思潮，剖析揭露错误思想

以社会主义核心价值体系作为判断标准和行为准则，坚决抵制并摒弃社会思潮中一切腐朽、落后、消极的思想，不仅要集中揭露其政治上的谬论，更要重视批判其理论基础，从根源上揭露其思想危害，并以此吸取教训，告诫群众，提高人们明辨是非的理性思维能力，自觉抵制各种不良社会思潮的影响和侵蚀，引领社会思潮朝着健康的方向发展。以新自由主义思潮为例，我们不仅要揭露其攻击四项基本原则、否定人民民主专政和共产党的领导地位、主张私有化等政治谬论，更要揭露其理论基础不过是"资产阶级的抽象人性论""意识形态终结论""非意识形态论"等唯心史观，这种思潮滋长蔓延的结果必然是否定马克思主义，使社会主义国家政权瓦解、共产党执政地位丧失。[①]我们要以此来教育党员群众深刻认识和警惕新自由主义对当代中国的渗透，自觉抵制新自由主义思潮在经济改革领域的危害和在学术思想领域的蛊惑和侵蚀，牢牢把握社会主义核心价值体系在意识形态领域的主导地位。

---

① 张晓红：《加强对当代中国社会思潮的研究》，载《湖北社会科学》2005 年第 4 期。

在和谐文化建设中，抓住社会主义核心价值体系这个根本，着力坚持其主导地位，科学地分析认识和引领种种社会思潮，在尊重差异中扩大社会认同，在包容多样中增进思想共识，最大限度地团结不同阶层、不同认识水平的人们共同前进，这样，才能为促进社会和谐打牢思想道德基础。

论社会心理沟通机制建设与社会主义核心价值体系对多样化社会思潮的有效引领

张　骥　吴智育[*]

在我国社会转型、经济结构调整和价值观念多元的条件下，如何确立和巩固社会主义核心价值体系的主导地位并使其他社会思潮的变化处于附属和可控的范围内，是当前我国思想文化领域面临的一项重要任务。建设社会主义核心价值体系对于巩固马克思主义在我国意识形态领域的指导地位，对于团结、引领全社会成员在思想上、道德上共同进步，对于坚定中国特色社会主义信念，全面建设中国特色社会主义具有重大意义。本文试从社会心理学角度，运用社会心理沟通原理分析社会主义核心价值体系引领的过程和各相关要素，探索加强社会主义核心价值体系有效引领的途径。

一、 社会主义核心价值体系引领多样化社会思潮是一个复杂的社会沟通过程

价值观作为一种社会意识，集中反映着一定的社会经济、政治、

---

[*]　张骥，河北师范大学法政与公共管理学院院长、教授，主要研究方向为马克思主义哲学。吴智育，河北师范大学法政与公共管理学院副教授，主要研究方向为思想道德教育。该文原载《当代世界与社会主义》2011 年第 6 期。

文化，是人们对生活现实的总体认识、基本理念和理想的追求。任何社会在一定的历史发展阶段的社会核心价值体系都是统治阶级意志的根本表达，体现着社会意识的性质和方向，不仅反作用于经济、政治、文化和社会生活的各个方面，而且对每个社会成员思想和价值观的形成都具有深刻影响。从微观上看，这种影响是一种信息的传递与接收，即信息沟通的过程。

建设社会主义核心价值体系，加强社会主义核心价值体系对多样化社会思潮的引领实质上也是一个复杂的社会沟通过程。

（一）社会主义核心价值体系引领的整合沟通模型

"沟通"一词译自"Communication"，源自拉丁语"Communis"。传播学者将它译为"传播"，社会学者则将它译为"沟通"。相对个人而言，沟通可分为内部沟通与外部沟通，前者是指人的内向交流，一般属于心理学研究的范围。后者是指人与人、人与组织以及组织与组织之间的交流和互动过程。

根据沟通的规模与范围，一般分为微观的人际沟通、中观的组织沟通、宏观的大众传播或沟通三种类型。社会主义核心价值体系引领覆盖了沟通的全部类型。

党的十七大报告要求我们，切实把社会主义核心价值体系融入国民教育和精神文明建设全过程，转化为人民的自觉追求。这就要求积极探索用社会主义核心价值体系引领社会思潮的有效途径。社会主义核心价值体系引领的过程是处于执政地位的中国共产党将社会主义核心价值体系向全国人民传递的复杂沟通过程。无论沟通的主客体都会对社会核心价值体系形成内部沟通的过程，沟通主体和客体行为的整合是社会主义核心价值体系引领的重要过程，据此，本文运用信息学、心理学、经济学、行为学、哲学等多学科理论探索建构社会主义核心价值体系引领的整合沟通模型。

社会主义核心价值体系引领多样化社会思潮的整合沟通模型见图1。

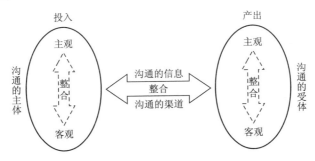

图1 社会主义核心价值体系引领的整合沟通模型

整合沟通模型与传统沟通模型一样,包括沟通的四要素,即沟通主体、沟通客体、沟通信息、沟通渠道。沟通主体是沟通活动的发动者,是信息的发出者。沟通受体是主体的沟通对象,是信息的接受者。沟通渠道是信息得以传递、思想得以交流的途径和中介物。传统的沟通模型是沟通主体通过沟通渠道把沟通信息传递给沟通受体的过程。而整合沟通模型从哲学与心理学角度,引入了主观、客观以及三个整合的概念,从经济学角度把沟通过程理解为一个投入与产出的过程。

从哲学与心理学角度看,沟通存在主观部分和客观部分两个区域。主观部分,即沟通本身主观的思想和意图,客观部分即在现实中呈现出来的一些行为、动作及语言。主观部分是内隐的,需要通过客观部分来推测。两者一般情况下表达的意思是统一的,但不统一的情形也不少见。例如一些荣辱不分的官员,被揭露前冠冕堂皇,廉洁奉公,内心世界却腐化堕落。而沟通受体碍于权势,表面迎合,内心却极度反感。沟通双方本身主、客观分裂,导致整个沟通分裂。沟通的顺畅依赖于沟通双方主观部分与客观部分的整合统一。

从经济学角度看，沟通存在投入和产出两部分。投入与产出因参与者而异。投入是针对发送方即沟通主体而言，包括主观上的成本和客观上的成本。主观上的投入是指信息发送者精神上的投入，客观成本是指实际沟通中所付出的行动。产出是针对接受方即沟通的受体而言，包括评价和结果。作为接受方，接受信息决不是简单的机械复制，而是经过接受者主观评价后产出信息的过程。接受者的主观评价是影响沟通产出的重要因素。这种评价往往带有主观的价值判断。当受体带有对抗心理接受信息时，其结果自然就会倾向于对主体主观假设的否定，而不会对信息发送方状况客观地接受。例如，当人们信仰某一宗教时，就会自觉接受该宗教的戒律。反之，当人们不接受某一宗教时，他们就会试图论证该宗教戒律的非科学性。主观的价值判断常常决定沟通的有效性。

因而，沟通的重要目的是通过发送方即沟通主体主、客观的整合，选择最佳渠道，使接受方即沟通客体进行主、客观的整合，完成沟通过程信息的整合，最终形成和谐有效的沟通。作为执政党的共产党保持社会主导价值观和社会主义核心价值体系的一致性，是社会主义精神文明建设的要求。而使社会主义核心价值体系成为社会主导价值观是一个复杂的社会沟通过程，社会主义核心价值体系有效引领多样化社会思潮也是一个复杂的社会沟通过程，是构建社会主义和谐文化的过程。

（二）社会主义核心价值体系引领中的社会沟通要素分析

作为社会沟通的社会主义核心价值体系引领过程，同样具备沟通的四大要素：沟通信息、沟通主体、沟通渠道、沟通受体。探索社会主义核心价值体系引领社会思潮的有效途径，必须具体分析社会沟通的四大要素及其功能。

1. 沟通信息是社会主义核心价值体系引领的核心

社会主义核心价值体系的具体内容是社会主义核心价值体系引领多样化社会思潮的沟通信息。社会主义价值体系是社会主义制度的内在要求,体现了社会主义的价值目标,反映了无产阶级政党的根本利益与人民群众根本利益的内在一致性。它既体现了党和国家的意志,也体现了广大人民群众的利益和愿望,具有历史必然性和现实合法性以及广泛的社会认同基础。但是,对具体的社会个体而言,社会主义核心价值体系并不是他们与生俱来的,而是需要思想政治工作者系统地灌输和传授。例如,近期我们就社会思潮的影响状况对 360 名在校大学生进行调查,结果仅有 33.3% 的大学生能正确回答出社会主义核心价值体系的内容,对于你认为社会主义核心价值体系对你的影响程度一题,回答"非常大"的占 13.1%,"相当大"的占 22.7%,"有点大"的占 35.8%,"比较小"的占 25.4%,"根本没有影响"的占 3.1%。这说明,尽管社会主义核心价值体系来自当今中国特色社会主义的实践,但并不会自觉成为人们的主导意识。

2. 沟通主体是社会主义核心价值体系引领的标杆

沟通主体是沟通活动的发动者和沟通信息的发出者。坚持社会主义核心价值体系引领,从宏观上看,主体是处于执政地位的中国共产党;从微观上讲,则是党和国家领导人以及行使国家行政权力的各级公务人员,还有马克思主义理论研究者、教育者和宣传者等。他们的行为导向、工作成效、思想素质都决定和影响着社会成员的精神世界,也影响着社会思潮的走向。他们是社会主义核心价值体系引领的标杆,是全社会成员效仿的榜样。因而,党员干部、宣传教育队伍自身的社会主义核心价值体系建设问题是社会主义核心价值体系有效引领社会思潮的前提。

3. 沟通渠道是社会主义核心价值体系引领的工具

任何信息的传播都有渠道，沟通渠道是信息得以传递、思想得以交流的途径和中介物。社会沟通渠道主要是指政府与民众之间意见交流的途径。社会主义核心价值体系引领的沟通渠道非常广泛。我们对"你认为影响学生接受某种思潮或观点的主要途径"进行了调查，列举了"A.广播 B.报纸、书籍 C.社会实践 D.网络 E.同学、家人的言行 F.教师的言行"等选项，结果显示仅选一项的占13.1％，选两、三项的占24.5％，选择三项以上的占62.4％，这说明，社会主义核心价值体系的引领绝不能只靠单一渠道。社会主义核心价值体系的引领需要全力建设主要渠道，辐射一切可以利用的辅助渠道，开拓各种新渠道，以保持社会主义核心价值体系引领途径的畅通。

4. 沟通受体是社会主义核心价值体系引领的关键

沟通受体是主体的沟通对象和信息接受者。在我国，社会主义核心价值体系引领的沟通受体是社会大众。社会大众是与党政官员相对应的概念，它不仅包括拥有公民权的公民个体，而且包括由公民个体组成的公民组织或社会群体。在当今时代，他们的文化精神、价值取向将越来越成为国力竞争的重要因素。因为当社会主义核心价值体系经过沟通深入到每个公民的内心，被其接受，成为共同的意识形态、价值标准、审美取向和行为规范时，这个民族就会是强大的和无敌的。当然，这是沟通的理想状态。事实上，沟通受体具有极大的能动性，他们对沟通信息的评价和接受有多种选择。例如，对马克思主义意识形态在我国指导地位的调查结果显示：认为非常巩固的占49.7％，认为受到其他思想冲击的占28.3％，认为已不占主导地位的占3.61％，回答不太清楚的占9.4％，回答对此问题不感兴趣的占 8.8%。这说明,社会主义核心价值体系引领并不是只要宣传就必定会被大众接受。民众的评价和真心接受是社会主义核心价值体系引领的关键环节。

二、 社会主义核心价值体系引领在社会沟通中面临的现实挑战

在现代社会,公民思想文化和价值取向的形成不是一蹴而就的。在当今中国,社会主义核心价值体系也不会自动成为公民个人的价值选择。相反,在经济全球化和社会转型时期,社会思潮愈加呈现多样化,尤其在知识分子和青年学生中有传播蔓延的势头。在社会沟通中实施社会主义核心价值体系引领必然面临诸多现实挑战。

(一) 价值多样化造成价值取向多元化

社会主义市场经济体制的确立使所有制结构、社会分配方式、社会利益关系及就业方式发生深刻变革,社会阶层不断分化,利益主体呈现多样化、分散化、普遍化等趋势。这是价值多样化产生的经济基础。不同利益群体从自身利益出发,更加重视自身价值,把个人和群体的自我实现、社会感性体验、公平的生活条件和自身需求的满足等因素,作为确立价值取向的重要标准。自马斯洛提出需要层次论以来,人的需要的复杂性和多层次性已经成为共识,并且很多需要是非政治性的,如生理的需要、人际关系的需要、尊重的需要等基本的人本需要。在现代文明社会,基于个体不同需要的追求,将成为个体价值的取向。如追求生理需要的满足、享乐主义人生观等。价值取向多样化是社会主义市场经济发展的必然结果。

另一方面,在网络化时代人们表达思想和观念的手段得到充分运用。人们可以利用网络论坛、博客等来表达自己的思想和价值判断。人们的言论自由借匿名和虚拟为特征的网络得以空前实现,这使得价值取向差异演化为价值冲突的机会大大增加。

(二)信息多维化造成沟通受体感知的偏差

客观事物的多维性决定了人类对事物感知的多维化。信息多维化是客观存在的。在对外开放的时代,人们的思维异常活跃,其感知的差异性也越大。例如,在调查中,大多数学生认为观看新中国成立 60 周年庆典后有很强的民族自豪感,感到祖国日益强大;但有 2.2% 的人感到这是国家财力、物力的浪费。后者只是强调了事物的某一方面,没有看到中国人民观看庆典后产生的精神动力和民族凝聚力,从而造成认知上的偏差。在人们接受某一社会思潮时,这种现象更普遍,他们常常是从某一角度接受其思想,并从此角度论证这一思想的合理性。例如,对拜金主义、享乐主义、功利主义、自由主义等都有其可接受的切入点。可见,社会思潮的多样化也是客观存在的。基于此,社会主义核心价值体系引领变得异常复杂。

另一方面,人们感受信息时无法避免信息的多维性。一个人的感知能力受知识水平、性格特征、历史发展等主、客观条件的限制,必然存在局限性。让感知有局限性的人把握信息的多维性是很困难的。由于信息的多维性,让公众都坚信某一思想也是极其困难的。社会主义核心价值体系引领必然会面临多样化的社会思潮。对多样化社会思潮中一些非马克思主义或反马克思主义思潮,我们要坚决抵制和反对。但对一些并不是反马克思主义的思潮,我们要宽容。对于其中一些有益部分,还可以为马克思主义所吸收和借鉴。社会主义核心价值体系引领应多维度反映多样化社会思潮。

（三）渠道网络化造成沟通控制的困难和沟通信息的变形

渠道网络化促进了信息沟通的速度,增加了信息沟通的透明度,同时也造成沟通控制的困难。随着科技发展,单一渠道的传播方式已经成为过去,传统的信息传播形式正在发生深刻变化。尤其是信息技术的发展拓宽了沟通渠道,促使沟通渠道网络化。电视、收音机、报纸、手机短信、图书、杂志、网络等构成错综复杂的渠道网络。在网络化时代,信息沟通已经达到无法控制的状态,任何人和政府力图完全控制信息传播的速度和方向都极为困难,只能顺势引导。

另一方面,渠道网络化造成沟通信息的变形。在自然界,物理信号的传递遵循能级递减规律,社会信息沟通也符合这一规律。在社会信息的传递过程中,信息不可避免地受传递者影响,参与传递的人员越多,信息变形的可能性越大。许多研究也证实了这一现象。尽管社会主义核心价值体系是一个科学的体系,但在引领社会思潮的过程中,也面临着各种干扰。

（四）受体的复杂化增加了有效沟通的成本

社会主义核心价值体系引领社会沟通的受体是广大民众。随着中国经济发展和民主政治的进步,中国民众逐渐呈现阶层分化、言论自由、意识自主等特点。这些特点无一例外地对思想引领产生了巨大影响。受体的复杂化增加了社会主义核心价值体系引领的成本。

首先,社会阶层的分化是社会主义核心价值体系引领面对的最大挑战。改革开放以来,产业结构调整和经济形式多样化使中国社会结构发生了巨大变化。大规模阶层分化、重组已成为当今中国社会生活中普遍存在的一种客观事实。许多学者对此进行了研究。陆学艺研究员以职业分类为基础，以组织资源、经济资源和文化资源的占有为标准，把中国社会结构分为十个阶层。朱光磊教授在原有的"两个阶级、一个阶层"基础上进行了划分。①阶层的分化必然导致不同的利益集团和不同的价值取向、文化取向，形成多样化社会思潮的社会基础。社会主义核心价值体系引领必须直面这一现实，针对不同阶层的特点和需求寻找引领最有力的切入点。社会阶层的分化无形地增加了社会主义核心价值体系的引领成本。

其次，受体的复杂化决定受体思想觉悟水平的差异进而影响引领成本。低觉悟的人极易散布一些低价值的言论和不良信息。而抵制和矫正低价值言论和不良信息，是社会主义核心价值体系有效引领的重要内容。矫正这些阻碍构建和谐社会的社会心理障碍，需要付出大量人力、财力和物力。

最后，伴随互联网技术发展而逐渐壮大的网民，是社会主义核心价值体系引领的重要受体。网络为民众的互动意识提供了实践的物质基础。尽管网络有其虚拟性，但是使用网络的人是真实的社会人，正因为其虚拟性才给网民的沟通互动提供了"安全感"，从而助长了网民的沟通互动行为。网络的自主性本身并无好坏之分，然而，一旦当事人的价值观发生问题，其危害性是很难防范的。与社会主义核心价值体系背道而驰的思潮在网络上并不鲜见。此外，网民中不仅有一定文化层次的容易接受西方社会思潮的成年群体，还有涉世不深、价值观尚未形成或正在形成的、极易受西方社会思潮影响的青少年。因而，任何思想政治工作者都不应忽视网络对青少

---

① 朱光磊、陈娟：《中国阶层分化与重组 30 年：过程、特征与思考》，载《教学与研究》2008 年第 10 期。

年的影响。社会主义核心价值体系引领网络文化是一项非常急迫和艰巨的任务。

三、 构建社会心理沟通机制，加强社会主义核心价值体系有效引领

社会主义核心价值体系引领多样化社会思潮是一个系统工程，绝不是凭借几个宣传口号和行政命令就能够成为广大民众的价值追求。有效实施社会主义核心价值体系对多样化社会思潮的引领，需要遵循社会心理沟通的规律，充分发挥社会心理沟通各要素的功能。

（一）切实推进社会主义核心价值体系研究和传播，增强社会主义核心价值体系的吸引力

党的十七大提出"要开展中国特色社会主义理论体系宣传普及活动，推动当代中国马克思主义大众化。……切实把社会主义核心价值体系融入国民教育和精神文明建设全过程，转化为人民的自觉追求"，具有很强的现实意义。如何切实推进社会主义核心价值体系研究和传播，增强社会主义核心价值体系的吸引力呢？本文认为应重点从以下几方面推进。

1. 加强社会主义核心价值体系的大众化研究

马克思指出："理论只要彻底，就能说服人。所谓彻底，就是抓住事物的根本。"[①]要增强社会主义核心价值体系的魅力，使之成为人们的自觉追求，就要使其客观、全面地反映马克思主义理论的精

---

① 《马克思恩格斯选集》（第1卷），北京：人民出版社1995年版，第9页。

髓，就要把马克思主义中国化、时代化、大众化的研究作为社会科学研究的主要任务；紧密结合我国社会发展的新情况、新问题，进行切合实际的调查研究，尤其是把对重大现实问题的研究作为科研重点，精心组织关于建设社会主义核心价值体系的研究，为社会主义核心价值体系引领提供理论依据。尤其要在凝练社会主义核心价值体系的精髓上下功夫，把严谨科学的理论转化为民众容易理解的和接受的，并且是喜闻乐见的，在推进马克思主义中国化、时代化、大众化上下功夫。这是社会主义核心价值体系引领面临的理论和现实的紧迫任务。

然而，尽管社会主义核心价值体系是一个科学的理论体系，但作为社会沟通的信息，相对于具体的受体而言就显得庞杂，使其感到社会主义核心价值体系仅仅是一个科学的理论知识体系，很难做到自觉遵从并在社会生活中积极践行。提炼社会主义核心价值理念已经成为共识。有学者认为可以将社会主义核心价值理念概括为人本、公正、仁爱、和谐、共享几个方面。也有学者认为社会主义核心价值观应确定为民主、平等、公正、互助。还有人认为作为社会主义的核心价值观和最高价值观，应当是富强、民主、文明、和谐与人的自由全面发展。[1]然而，社会主义核心价值体系所具有的主导性、现实性、包容性、超越性、开放性等基本特征[2]决定了任何提炼目前都难全其意。不过，这恰恰是时代赋予社会主义核心价值体系研究者的历史使命。唯此，社会主义核心价值体系才会在百家争鸣中彰显其理论魅力，才能让大众自觉接受社会主义核心价值体系，自觉抵制非马克思主义社会思潮的影响。

---

① 林尚立：《当代中国的核心价值观》，载《理论参考》2007 年第 3 期。
② 郭建新：《社会主义核心价值体系引领大众伦理生活》，载《光明日报》2007 年 8 月 13 日。

2. 加强马克思主义理论研究和宣传的队伍建设

马克思主义理论研究者和宣传者要加强自身思想建设,不仅研究马克思主义,还必须信仰马克思主义,践行马克思主义,这样才会有很强的示范作用。然而,现实并不让人乐观。一项高校思想政治教师的素质调查结果显示,认同"社会主义是一个漫长的过程,但最终要取代资本主义"的思想政治课教师仅占 60.3%,同意"人本质是利他或利他多于利己成分"的思想政治课教育教师占 70.6%。[①]尽管认同数字过半,但对于思想政治课教师的特殊使命来说,这种比例还远远不够。作为马克思主义理论研究者和宣传者,对马克思主义的信仰程度势必会影响引领沟通的效果,自己在课堂上讲的自己都不信,怎么要求他人呢? 马克思主义理论研究和建设不仅是一种安身立命的职业,更是一种信仰和价值取向。因此,马克思主义理论研究者和宣传者自身的马克思主义修养亟待加强。

总之,增强社会主义核心价值体系的吸引力是构建社会主义核心价值体系引领多样化社会思潮的社会心理沟通机制的首要环节。

(二)加强对各级领导干部的教育和管理,发挥一切领导力进行社会主义核心价值体系引领

领导干部是社会主义核心价值体系引领的社会沟通主体的核心,领导干部的行为对社会主义核心价值体系引领多样化社会思潮的效果有着直接的、巨大的影响。

1. 加强纪律检查和监督制度

近年来,伴随着政治体制改革,政府职能发生改变,服务政府理

[①] 吴智育:《高校思想政治课教师的素质调查与分析》,载《教育教学论坛》2010 年第 2 期。

念深入人心，但是还存在着一些不尽如人意的地方。一些地方、部门和少数工作人员还存在官僚主义、形式主义、脱离群众、失职渎职，甚至滥用权力、贪污腐败的情况。腐败违纪官员必然是放弃社会主义核心价值体系，丧失马克思主义信念，生活腐化、私欲膨胀、荣辱不分。然而，个别贪官接受了不良社会思潮后，下马时仍不思己过，而是把自己的行为结果归因于体制或运道。因而，实施社会主义核心价值体系引领必须正视这些负面现象对民众信仰社会主义核心价值体系的影响。否则，个别官员的形象会使民众对中国特色社会主义道路失去信心，使社会主义核心价值体系的引领流于形式。

2. 加强领导者人格魅力的塑造

作为领导干部，要有效履行职责，除了职位和权力带来的强制性影响力外，还必须通过高尚的人格魅力来感召民众。组织行为学称之为非权力影响力。这种非权力影响力既是无形的，又是有形的。一个领导者拥有这种人格魅力，对社会主义核心价值体系沟通引领的实效会起到巨大作用。

塑造干部的人格魅力应特别重视以下非权力影响因素的培养：（1）培养高尚品格；（2）培养能力素质；（3）积累渊博知识；（4）培养高情商。领导者人格魅力的成功塑造是利用领导力进行社会主义核心价值体系引领的有效途径之一。

总之，加强对各级领导干部的教育和管理，利用一切领导力进行社会主义核心价值体系引领是构建社会主义核心价值体系引领多样化社会思潮的社会心理沟通机制的关键环节。

（三）加强自我和谐文化建设，确保沟通信息的主、客观整合，夯实社会主义核心价值体系引领的基础

沟通主体的自我和谐是社会主义核心价值体系有效引领的基

础。沟通主体自我和谐，才能做到主、客观的沟通信息整合，才能在信息传递中使信息保持完整。而沟通主体的主、客观的分裂，必然造成传递信息的误导，使沟通受体失去对主体传递信息的兴趣，甚至导致对沟通主体失去信任。

沟通受体的自我和谐是社会主义核心价值体系有效引领的保障。对于沟通受体而言，在接受信息时，也存在主、客观的沟通信息整合。如果受体接受的信息存在主客观的分裂，其沟通效果同样大打折扣。他们对社会主义核心价值体系的认知充满矛盾，知、行严重分裂，让他们用社会主义核心价值体系指引其行为必然是奢望。沟通受体的自我分裂之时恰是非主流社会思潮对沟通受体进行渗透的契机，可见受体对信息的主、客观整合有重要意义。

总之，加强自我和谐文化建设，沟通主体、受体对沟通信息的主、客观的整合尤为重要，沟通当事人的自我和谐是构建社会主义核心价值体系有效引领多样化社会思潮的社会心理沟通机制的基础和保障。

（四）拓宽和开辟多种沟通渠道，促进社会主义核心价值体系的有效传播

利用执政权力加强社会主义核心价值体系引领社会思潮，拓宽、开辟沟通渠道，加强社会主义核心价值体系的渗透，是执政党义不容辞的责任和义务

1. 加强党的组织建设

自新中国成立以来，作为执政党的中国共产党一直注重加强党的自身建设。在全国建立了从中央到基层的各级党组织，党组织的触角延伸到社会每个角落。这些措施的出发点是为了更好地执掌政权，治理国家。同时，在客观上也拓展和增强了党和民众沟通的

渠道,发挥了沟通民众的作用。

党员的形象及先锋模范作用在社会沟通中非常重要,在执政党和民众之间形成信息的有效互动沟通过程,使信息的有效流动带动执政党、民众、沟通渠道、信息和沟通方式等要素的有机结合,从而促进执政党与民众的有效沟通。

此外,加强新社会组织的党建工作是社会主义核心价值体系引领面临的全新课题。新社会组织是指改革开放以来,我国在社会主义市场经济发展过程中新涌现出来的相对于政党、政府等传统组织形态之外的各类民间性的社会组织,包括中介组织、社会团体、基金会、民办非企业单位以及各类群众团队。在新世纪新阶段,执政党需要在日益壮大的新经济和新社会组织中汲取组织资源。不仅需要把已创建的新经济和新社会组织中的基层党组织变成党的事业的重要推动者和实践者,而且要保持党与新社会组织的紧密联系,加强对新经济和新社会组织的优秀分子和先进分子的社会主义核心价值体系的有效引领,把他们作为组织发展的重点,有利于更好地利用党执政的组织资源,扩大党执政的社会基础。

2. 拓展社会主义核心价值体系的传播渠道

宣传社会主义核心价值体系不仅是马克思主义理论界的责任,而且是整个党、整个宣传思想文化战线的任务。各级党政领导、宣传文化、教育部门和单位,都应该自觉承担社会主义核心价值体系的宣传任务。党报、党刊应该加强社会主义意识形态建设规律的研究,有针对性地组织专题讨论,切实分析探讨解决、解释民众面临的实际问题,把社会主义核心价值体系转化为民众能够理解和认同的喜闻乐见的思想。网络是新兴媒体,利用网络媒体优势进行社会主义核心价值体系的引领必不可少。总之,在对社会主义核心价值体系及其实践进行认真总结的基础上,尽快对核心价值体系的内容予以明确概括,尽量做到简洁、全面、通俗,这是社会主义核心价值体系宣传面临的紧迫任务。

3. 加强高校思想政治教育工作

大学生是中国特色社会主义现代化建设的后生力量,他们思想活跃,求知欲强烈,但是价值观还处于塑造成熟阶段,这是社会主义核心价值体系引领的重要契机。一定要抓住这一契机,加强高校思想政治教育工作,把马克思主义理论研究和建设的最新成果,转化为学科体系和教材体系,并优化教育资源。思想政治教育要贴近学生的思想实际,讲究实效性,始终用马克思主义中国化最新成果武装大学生、指导青年学生价值观的形成,努力培养坚定信仰马克思主义的社会主义事业的合格建设者和接班人。

论改革开放以来我党在意识形态创新过程中
引领社会思潮的基本经验

张　骥　申文杰*

　　改革开放以来是我党历史上在意识形态领域创新成果最丰硕的时期。在这期间,我党在不断探索和回答什么是社会主义、怎样建设社会主义,建设什么样的党、怎样建设党,实现什么样的发展、怎样发展等重大理论和实际问题的进程中,不断推进马克思主义意识形态的创新,并且这种创新总是伴随着对形形色色社会思潮的批判与借鉴、斗争与引领。在中国共产党成立 90 周年之际,认真总结这一时期我党在马克思主义意识形态创新进程中引领社会思潮的基本经验,有助于更好地认识马克思主义意识形态在我国发展的规律性。

一、 改革开放以来我党在马克思主义意识形态创新过程中引领社会思潮的历史进程

　　科学社会主义理论"是包含着一连串互相衔接的阶段的发展过

---

　　*　张骥,河北师范大学法政与公共管理学院院长、教授,主要研究方向为马克思主义哲学;申文杰,河北师范大学教授,主要研究方向为马克思主义哲学。该文原载《教学与研究》2011 年第 10 期。

程的阐明"。改革开放以来,我党在意识形态领域的创新与引领社会思潮的过程正是验证了恩格斯这一论断。邓小平理论、"三个代表"重要思想、科学发展观构成了我党在这一时期意识形态创新的主体框架和重大阶段性成果,这些理论成果在引领社会思潮的过程中,呈现出不同的阶段性。

(一)党的第二代中央领导集体对马克思主义意识形态的创新与对社会思潮的引领

1976年10月"文化大革命"彻底结束,在经历了两年的徘徊时期后,以邓小平为核心的党的第二代中央领导集体,以大无畏的勇气开拓了马克思主义意识形态发展的新境界,在这个过程中提出了一系列意识形态的创新性观点,有效地引领了当时出现的各种社会思潮。

首先,恢复确立党的解放思想、实事求是的思想路线,纠正了"两个凡是",在思想路线方面实现对社会思潮的拨乱反正与引领。

20世纪70年代末期,我国意识形态领域首先出现的阻碍改革开放的错误思潮,就是"两个凡是"。"两个凡是"实际上就是坚持无产阶级专政下继续革命的理论,坚持毛泽东晚年的错误。按照"两个凡是"的观点,就不可能走出"文化大革命"的困境,不可能纠正"左"的错误,中国也不可能开辟新道路。以邓小平为核心的党的第二代中央领导集体一是高举解放思想的旗帜,明确提出"两个凡是"不符合马克思主义。邓小平认为,对于领袖人物的话是采取实事求是的态度,还是采取"两个凡是"的态度,"这是个重要的理论问题,是个是否坚持历史唯物主义的问题"。[1]二是支持真理标准问题大

---

① 《邓小平文选》(第2卷),北京:人民出版社1994年版,第38页。

讨论并把讨论引向深入，推动了全党和全国人民思想的大解放。三是确立解放思想、实事求是的思想路线。实事求是思想路线的确立，达到了在全党和全国人民解放思想的目的，消除了"两个凡是"的影响。

其次，科学评价毛泽东、毛泽东思想及社会主义建设史，批判和纠正历史虚无主义思潮，在思想认识方面实现对社会思潮的澄清与引领。

在解放思想的过程中，不可避免地要涉及对"文化大革命"及对新中国成立以来三十年的整体评价问题。在否定"文化大革命"的同时，有人片面强调毛泽东晚年的错误，否定毛泽东的历史地位；在党纠正错误的过程中，有人竟然要求削弱甚至取消党的领导，说共产党的领导全错了，社会主义制度的建立也错了，以虚无主义看待新中国成立以后社会主义建设的历史。这股历史虚无主义思潮是资产阶级自由化思潮的前奏，造成了意识形态领域的混乱。针对这股思潮的滋长蔓延，1981 年我党及时提出了《关于建国以来党的若干历史问题的决议》，指出毛泽东是伟大的马克思主义者，是伟大的无产阶级革命家、战略家和理论家，就他的一生来看，他对中国革命的功绩远远大于他的过失。这个决议统一了全党和全国人民的思想，积极有效地澄清和纠正了当时的历史虚无主义思潮。

第三，提出社会主义精神文明建设理论，反对精神污染，在文化及理论领域实现对社会思潮的引领。

自 1979 年春天开始，在我国文化及理论领域出现了一股背离马克思主义的思潮，即精神污染现象。五花八门的精神污染现象是资产阶级自由化思潮的隐含表现。1981 年文艺界一些作品以伤痕文学的形式揭露社会伤疤，借以歪曲历史，丑化党和社会主义。1983 年理论界出现了"异化论"。此外，在哲学、经济学、政治学、社会学等领域出现了一种盲目崇拜西方的思潮。针对这股思潮,邓小平敏锐地指出,这些错误思想观点和言论"就是要脱离社会主义的轨道,脱离党的领导,搞资产阶级自由化"①。为了更全面地清除精神污染,用正确的理论武装人民群众,党的十二届六中全会作《关于社会主义精神文明建设指导方针的决议》,阐述了社会主义精神文明建设的战略地位和根本任务,要求用建设中国特色社会主义的共同理想动员和团结全国各族人民,坚持马克思主义在精神文明建设中的指导作用。精神文明建设理论的系统阐述,是我党在意识形态领域的创新,这一理论对精神污染现象是一种有力的回击。

第四,发表南方谈话,既防"左"又反右,在社会主义本质及特征问题上实现思想的解放与引领。

20 世纪 90 年代初,在我国改革和发展的重要历史关头,邓小平发表南方谈话,提出了一系列新思想、新观点、新论断。主要有:不坚持社会主义,不改革开放,不发展经济,不改善人民生活,只能是死路一条;改革开放迈不开步子,不敢闯,要害是姓"资"还是姓"社"的问题,判断的标准应该是看,是否有利于发展社会主义社会的生产力,是否有利于增强社会主义国家的综合国力,是否有利于提高人民的生活水平;计划经济不等于社会主义,资本主义也有计划,市场经济不等于资本主义,社会主义也有市场,计划和市场都是经济手段;社会主义的本质是解放生产力,发展生产力,消灭剥削,消除两极分化,最终达到共同富裕;右能葬送社会主义,"左"也能葬送社会主义,既要反右,更要防"左";发展是硬道理等。邓小平的这些论断,深刻地回答了束缚人们思想的许多重大认识问题,解决了长期争论的问题,构成了改革开放以来第二次思想解放运动,在解

---

① 《邓小平文选》(第 2 卷),北京:人民出版社 1994 年版,第 390 页。

放思想中有效地实现了对人们思想的引领。

（二）党的第三代中央领导集体对马克思主义意识形态的创新与对社会思潮的引领

20 世纪 80 年代末 90 年代初，国际共产主义运动遭遇严重曲折，我国国内也发生了政治风波，中国特色社会主义事业发展面临巨大压力，以江泽民为核心的党的第三代中央领导集体，坚持十一届三中全会以来的路线方针政策不动摇，一方面提出应对国际国内复杂局势的新思路和新对策，另一方面以马克思主义的巨大政治勇气和理论勇气推进党的理论创新，创立了"三个代表"重要思想，实现了我党意识形态的又一次发展，对当时出现的各种社会思潮进行了有力的抵制、批判和引领。

首先，坚持马克思主义在意识形态领域的指导地位，反对指导思想多元化，抵制民主社会主义思潮的影响。

随着我国对外开放的逐步深入，民主社会主义思潮在一些群体中影响逐步扩大，民主社会主义宣扬的多党制、超阶级国家观、指导思想多元化等反马克思主义言论颇受一些人的追捧，针对这种思想问题，江泽民明确指出，在指导思想上搞多元化，势必导致人心大乱，天下大乱，给党和国家带来灾难。为有效反对这股思潮，必须做到"一是及时总结党和人民在实践中创造的新经验和获得的新认识，有力地回答现实生活中提出的、干部群众关心的重大思想理论问题；二是善于运用马克思主义观点同各种错误观点进行斗争，帮助广大干部群众树立和坚定正确的思想理论认识"①。江泽民阐述的这些思想观点，使人们充分认识到了坚持马克思主义在意识形态

_____

① 《江泽民文选》（第 3 卷），北京：人民出版社 2006 年版，第 87 页。

领域指导地位的必然性、必要性,有效防止了民主社会主义思潮泛滥。

其次,建设先进文化,反对拜金主义、享乐主义、利己主义等腐朽落后文化。

我国加入世贸组织(WTO)后西方思想文化渗透的途径和机会进一步增多,在国内,在深化改革和建立社会主义市场经济的过程中,社会经济成分、组织形式、物质利益、就业方式日趋多样化,在这种情况下,有些人对我国现在走的是不是社会主义道路存在模糊认识;市场经济存在的弱点及带来的消极影响反映到人们思想中来,一部分人表现出自由主义、分散主义、拜金主义、享乐主义、利己主义;社会上的封建迷信、伪科学和黄赌毒社会丑恶现象也越来越严重地腐蚀着人们的思想。针对我国思想文化领域出现的新问题、新情况,以江泽民为核心的党的第三代中央领导集体提出了建设先进文化理论。先进文化就是面向现代化、面向世界、面向未来的文化,是民族的科学的大众的社会主义文化;先进文化建设的根本任务是培养有理想、有道德、有文化、有纪律的公民;核心是帮助人们坚定对马克思主义的信仰,坚定对社会主义的信念,增强对改革开放和社会主义现代化建设的信心,增强对党和政府的信任。

第三,提出"四个如何认识",审视和解决影响干部和群众思想的重大思想理论问题。

面对国际国内的新情况、新问题,干部和群众接受的信息非常庞杂,思想十分活跃,部分干部群众对一些重大问题存在模糊认识,使思想政治工作难以有效地开展。针对这种情况,江泽民在中央思想政治工作会议上明确提出了"四个如何认识",即如何认识社会主义发展的历史进程;如何认识资本主义发展的历史进程;如何认识我国社会主义改革实践过程对人们思想的影响;如何认识当今的国际环境和国际政治斗争带来的影响。通过对"四个如何认识"的正确分析、解答，对干部群众的思想起到了明辨是非、全面引领的作用。

第四，系统阐述了所有制理论，及时回应新左派思潮和新自由主义思潮。

随着我国社会主义市场经济体制的逐步建立，新自由主义思潮也逐步扩大在我国的影响。在这种思潮影响下，有人无限放大公有制的弊端，提出了以私有制为导向的改革，主张全盘私有化。对所有制问题上的种种错误思潮，必须加以批驳和澄清，这关系到我国改革的发展方向。江泽民明确指出，我国是社会主义国家，必须坚持公有制作为社会主义经济制度的基础；我国处在社会主义初级阶段，需要在公有制为主体的条件下发展多种所有制经济；一切符合"三个有利于"的所有制形式都可以并且应该用来为社会主义服务。江泽民所阐述的关于所有制的理论，既反对了主张实行单一的公有制，又反对了实行私有制，科学地回答了在所有制领域面临的新问题，有力地抵制了各种错误思潮。

（三）以胡锦涛为总书记的党中央对马克思主义意识形态的创新与对社会思潮的引领

党的十六大以来，以胡锦涛为总书记的党中央继续把马克思主义基本原理与我国现代化建设实际相结合，提出了科学发展观重大战略思想，在新的时期进一步打牢了全党和全国人民团结奋斗的思想基础，在一系列问题上有力地批判、回击和引领了社会思潮。

首先，阐述了建设社会主义核心价值体系的新观点，讲清楚"六个为什么"，着力解决干部群众的思想实际问题。

在党的十六届六中全会上，胡锦涛同志创造性地提出了建设社会主义核心价值体系的新观点。党的十七大进一步强调,社会主义核心价值体系是社会主义意识形态的本质体现。要巩固马克思主义指导地位,用马克思主义中国化最新成果武装全党、教育人民,用中国特色社会主义共同理想凝聚力量,用以爱国主义为核心的民族精神和以改革创新为核心的时代精神鼓舞斗志,用社会主义荣辱观引领风尚。社会主义核心价值体系的提出对于进一步形成全社会共同的思想信念和道德规范,具有直接的指导作用,是我党意识形态理论的一个创新。在建设社会主义核心价值体系的过程中,党中央又紧密联系国内外形势及干部群众的思想实际,回答了"六个为什么"。通过回答这些问题,消除了干部群众中存在的一些错误和模糊认识。

其次,论述了用社会主义核心价值体系引领社会思潮的新途径,把引领社会思潮落到实处。

引领社会思潮不仅是一个理论问题,更是一个实践问题。十七大报告明确提出:"积极探索用社会主义核心价值体系引领社会思潮的有效途径,主动做好意识形态工作,既尊重差异、包容多样,又有力抵制各种错误和腐朽思想的影响。"[①]这一论述把社会主义核心价值体系与引领社会思潮紧密联系起来。在用社会主义核心价值体系引领社会思潮的途径方面,以胡锦涛为总书记的党中央着重强调了以下几个方面:一是舆论引导途径;二是国民教育途径;三是文化凝聚途径;四是理论创新途径。坚持把马克思主义基本原理同中国具体实际相结合,不断做出符合我国社会发展进步要求和人民群众实践需要的新的理论概括。通过对这些途径的阐述,使引领社

---

① 中共中央文献研究室编:《十七大以来重要文献选编》(上),北京:中央文献出版社2009年版,第27页。

会思潮问题进一步现实化、具体化。

第三，提出了要牢牢掌握意识形态工作主动权的新论断，占据引领社会思潮的有利地位。

在新的历史阶段，我国意识形态领域面临复杂的局面，思想理论领域的噪音杂音时有出现，正确的与错误的、先进的与落后的、主流的与非主流的思想观念相互交织。面对这种情况，胡锦涛认为，"经济工作搞不好要出大问题，意识形态工作搞不好也要出大问题"。明确提出了要"牢牢掌握意识形态工作的领导权和主动权"的新论断。[①]要综合运用法律、行政、经济、科技等手段，实行科学管理、依法管理；要加强涉及意识形态工作的立法，对急需立法的重点领域和难点问题加紧梳理。重视舆情信息工作，建立和完善舆情信息汇集和反映机制，及时发现倾向性、苗头性问题；要密切关注敌对势力对我国意识形态领域进行渗透的新情况，更好地加以预防和应对。掌握了意识形态工作的主动权，就能在与各种社会思潮的交锋中占据有力地位，进而积极有效地引领社会思潮。

第四，明确了建设学习型政党的新任务，划清"四个界限"，全面抵制和批判一些错误思潮的影响。

随着我国社会主义事业的不断发展，马克思主义在意识形态领域的指导地位不断巩固和加强，但各种反马克思主义思潮也有所增长。有人否定马克思主义的科学性，反对马克思主义的基本原理；也有人把马克思主义教条化，否定我党的理论创新；一些信奉民主社会主义的人宣扬指导思想多元化，要用儒家文化取代马克思主义；一些坚持资产阶级自由化观点的人宣扬"普世价值论"，为应对

---

① 中共中央文献研究室编：《十六大以来重要文献选编》（下），北京：中央文献出版社2008年版，第684页。

多种社会思潮的挑战,党的十七届四中全会提出了建设学习型政党的新任务,强调要加强党的意识形态工作,明确指出要自觉划清马克思主义同反马克思主义的界限,社会主义公有制为主体、多种所有制经济共同发展的基本经济制度同私有化和单一公有制的界限,中国特色社会主义民主同西方资本主义民主的界限,社会主义文化同封建主义、资本主义腐朽思想文化的界限。以胡锦涛同志为总书记的党中央通过对这些问题的系统而深刻的阐述,全面地回答了当前人们面临的思想问题,揭露批判了一些错误思潮和言论。

二、 改革开放以来我党以马克思主义意识形态引领社会思潮的基本经验

改革开放以来,我党在意识形态创新进程中引领社会思潮是沿着两条路径进行的,一是用马克思主义中国化的最新理论成果同民主社会主义、新自由主义、历史虚无主义、拜金主义、享乐主义、利己主义、伪科学、封建迷信等形形色色的社会思潮进行坚决的批判、抵制和斗争;二是用马克思主义中国化的最新理论成果教育党员、武装群众,对于干部群众中存在的思想问题及时进行批评、教育、引导。在这个过程中,一些经验值得认真总结。

(一)坚持马克思主义的指导地位,是引领社会思潮的核心问题

任何一个社会占统治地位的思想,都是统治阶级的思想。坚持马克思主义的指导地位,是历史的选择、人民的选择,是由我国的社会主义国家性质决定的。在当今世界,各种思想文化相互激荡,国内各种思想观点相互交织的情况下,只有始终坚持马克思主义的指导地位,才能不断巩固全党全国人民团结奋斗的思想基础,才能凝

聚起建设中国特色社会主义的强大力量。如果在对待马克思主义指导地位问题上发生动摇，搞指导思想多元化，就会从根本上损害我们的事业。要引领社会思潮，首先就要坚守好自己的阵地，失去了阵地，也就失去了引领社会思潮的资格与能力。马克思主义的指导地位，是我党在意识形态领域引领社会思潮的关键所在，必须有强烈的责任感和阵地意识。改革开放以来，我党在意识形态领域引领社会思潮的过程中，始终坚持马克思主义的指导地位，"积极发展以马克思主义为指导的社会主义意识形态，牢牢把握文化发展的主导权"。"尊重差异，包容多样，决不是允许各种反马克思主义的社会思潮滋长，更不允许动摇我们的主流意识形态。"①正是由于坚持了马克思主义的指导地位，在引领社会思潮的问题上，我们才做到立场坚定、旗帜鲜明，以积极的态度、坚定的信念、有力的措施，卓有成效地应对多样化思潮的挑战，才在同各种错误思潮的交锋与斗争中，帮助广大干部群众明辨是非，树立正确的思想认识。这是从坚持我党的思想理论基础出发，在引领社会思潮过程中所总结出的一条基本经验。

（二）不断推进马克思主义意识形态的创新，是引领社会思潮的根本动力

改革开放以来，我党从实际要求出发，以我们正在做的事情为着眼点，根据实践的新鲜经验，不断提炼出符合时代需要，为人民群众所认同的新的理论观点，推动马克思主义意识形态的创新。邓小平理论就是在十一届三中全会后，挣脱教条主义的藩篱，在探索中

---

① 中共中央文献研究室编：《十六大以来重要文献选编》（下），北京：中央文献出版社2008年版，第127、788页。

国特色社会主义道路过程中提出的。邓小平理论构建起了新时期我党新的话语体系,使马克思主义意识形态实现了一次全方位的创新。正是由于当时我党马克思主义意识形态具有一股强劲的创新态势,使马克思主义意识形态充满了蓬勃生机与活力,进而有力地批判了当时的"两个凡是"、历史虚无主义、"异化论"、资产阶级自由化、极端个人主义等错误思潮,实现了马克思主义意识形态对多样化社会思潮的有效引领。十三届四中全会以来,以江泽民为核心的党的第三代中央领导集体,在世情、国情、党情发生重大变化的历史背景下,排除各种干扰,创立了"三个代表"重要思想。使马克思主义意识形态体现了时代性、把握了规律性、赋予了创造性。进而有力地抵制了当时的民主社会主义、新自由主义、新保守主义、历史虚无主义等思潮。十六大以来,以胡锦涛为总书记的党中央在全球化、科技化、信息化、市场化的新境遇下,顺应时代要求,创造性地提出了科学发展观。进入新世纪以来,随着我国对外开放的不断扩大,一些在我国影响较大的政治思潮如民主社会主义、新自由主义、新保守主义、历史虚无主义、拜金主义、利己主义、实用主义等进一步加大了在我国的传播力度,同时,民族分裂主义、殖民文化、后现代主义、公共知识分子、新儒学等思潮对我国的影响也日益凸显。社会思潮在我国的传播由分散趋向整体,由表面影响转化为价值取向的影响。面对这种状况,我党及广大马克思主义理论工作者以新时期党的理论创新成果为武器,主动出击、积极应对,取得了显著成效。

改革开放以来,我党在意识形态创新过程中引领社会思潮的实践表明,正是由于我党不断地进行理论创新,才使马克思主义意识形态具有强大的发展动力与活力,进而不断增强对错误思潮的批判力、战斗力。只有用充满生机与活力的马克思主义意识形态引领多样化社会思潮，而不是用僵化、机械的教条式马克思主义意识形态引领社会思潮，才能实现对社会思潮有效的、实质性的引领。这是从马克思主义的理论品质出发，在引领社会思潮过程中所总结出的一条基本经验。

（三）及时把握社会思潮的动向和传播趋势，实现对社会思潮适时引领

社会思潮有时表现为一定理论形态，有时又表现为特定环境中人们的社会心理；社会思潮从一个层面反映社会生活的变化，透过社会思潮的波澜起伏、潮起潮落，我们可以洞察社会现实的变化及走向。社会思潮的产生、传播离不开社会环境的变迁和人们主观意识对客观环境的认知与感召，特别是在社会大变革、大变动年代，各种社会思潮尤为突出和活跃。任何一种社会思潮都有一个有涨有落、有兴有衰的过程，当一些社会思潮新出现的时候，往往受到一些人的追捧，对一些党员群众造成思想混乱，迷失方向，分不清是非。改革开放以来，我党强调，要引领社会思潮，就要充分认识社会思潮的特点和属性，及时把握社会思潮的产生、传播的情况，对错误思潮要及时给予有力的揭露和批判，决不给错误思潮提供舆论阵地，不能掉以轻心，任其泛滥；教育党员特别是领导干部自觉做到从政治上观察和处理问题，进一步提高驾驭意识形态复杂局面的能力，要密切关注社会思潮的动向，及时发现倾向性问题，当一些错误思潮刚出现苗头的时候或在传播初期，就要及时地加以预防和应对；在社会转折时期、重大改革决策实施初期应特别注意一些社会思潮的滋长蔓延，对人民群众中出现的思想认识问题，要及时解答。我党提出的"四个如何认识"、"六个为什么"、划清"四个界限"等，对适时解决思想认识问题就起到了良好的效果。正是较好地把握了社会

思潮的产生及变化情况,我党才在一些重大问题、重大时期实现了对社会思潮的适时引领、有效引领。这是从遵循思想文化传播规律出发,在引领社会思潮过程中所总结出的一条基本经验。

（四）善于对社会思潮辩证分析、区别对待,实现对社会思潮的针对性引领

社会思潮的多样性包括两种情况,一是价值观念、思想观念、社会心理等思想状况方面的多样性;二是理论观点的多样性。在多样化的社会思潮中,主流的与非主流的相互交织、正确的与错误的混杂在一起。面对多样化的社会思潮"不能因为强调社会主义核心价值体系而强求一律、排斥多样,也不能因为尊重差异、包容多样而放弃社会主义核心价值体系的主导地位"①。为做到引领社会思潮的针对性,我党坚持尊重差异、包容多样的科学态度,对社会思潮辩证分析、区别情况、妥善应对。对人民群众的利益诉求,用解疑释惑、思想教育等方法进行引导;对人民群众关心党和政府工作的思想观点表达予以支持;对于人民群众的积极健康的思想加以培育;对群众中存在的消极、错误的思想加以批评教育;对于不同艺术风格和流派,坚持"二为"方向和"双百"方针,尊重创造;对学术理论问题,坚持民主讨论、平等交流;对思想认识问题,摆事实、讲道理,坚持以理服人;对政治原则问题,立场坚定、旗帜鲜明;对错误的社会思潮及一些思潮中所含有的错误观点予以驳斥和批判,防止其滋长蔓延;对各种反马克思主义的社会思潮,坚决抵制和斗争,决不能退缩;对西方敌对势力的西化、分化图谋和意识形态渗透,保持高度警

---

① 中共中央文献研究室编:《十七大以来重要文献选编》(上),北京:中央文献出版社2009年版,第186页。

惕，加强防范。正因我党在引领社会思潮的过程中坚持这些正确的方法，才做到团结不同阶层、不同认识水平的人共同前进，充分调动各阶层的积极性，最大限度地形成思想共识。这是从遵循真理发展规律出发，在引领社会思潮过程中所总结出的一条基本经验。

（五）注重采取科学的方式和手段，实现对社会思潮的科学引领

马克思主义意识形态有效引领社会思潮不仅要靠自身的理论品质，也要注重传播手段、方式、方法的创新。随着新科技革命的发展，不断催生出新的传播手段，以互联网、手机为代表的新兴媒体的发展和普及，带来了传播方式和媒体格局的深刻变化，网上聊天、短信、博客、论坛、网上发帖、网上评论等信息交流和传播方式大量涌现、层出不穷。新兴媒体传播信息速度快、信息量大，交互性强、覆盖面广，因而更容易影响群众。现阶段我党十分重视新兴媒体在传播马克思主义意识形态中发挥的作用，在思想理论宣传中打造了一批名牌理论网站，建立了网上理论宣传阵地、研讨阵地，开设理论热点问题论坛，组织理论名家同网友就热点问题和难点问题进行网上交流，解答网友的困惑或疑虑。为有效发挥各种媒体的作用，我国还建立和完善了网络新闻传播制度和重大事件报道快速反应机制，构建起安全、健康、良性、高效的意识形态传播体系。通过采用新兴媒体，使马克思主义意识形态的宣传适应新科技革命条件下人们接受心理、接受方式的新变化，大大增强马克思主义意识形态传播的时代性，展示马克思主义意识形态所蕴含的吸引力、感染力，推动马克思主义意识形态不断占领思想文化的制高点，进而实现对社会思潮科学有效的引领。这是与信息化时代发展要求相适应，在引领社会思潮过程中所总结出的一条基本经验。

（六）以人为本，关注民生，实现对社会思潮的认同引领

"理论在一个国家实现的程度，总是决定于理论满足这个国家的需要的程度。"①社会成员往往根据自身的利益来选择和评判社会价值取向，一定的思想理论观点只有与社会成员的普遍价值追求和利益期望相吻合，才能获得广泛的拥护和尊奉。我党在以马克思主义意识形态引领社会思潮的过程中，十分注重解决人民群众的实际问题，关心群众疾苦，为群众排忧解难。把实现好、维护好、发展好最广大人民的根本利益作为意识形态工作的出发点和落脚点，坚持贴近实际、贴近生活、贴近群众。在宣传马克思主义意识形态过程中高度关注人民群众的日常生活，实现理论逻辑与生活逻辑的统一，做到关注大众需求、回应大众关切、解答大众困惑，及时了解人民大众的愿望和要求。"想人民之所想，急人民之所急，解人民之所难，让人民群众深切感受和体会到党的创新理论是以人为本、为了人民、造福人民的理论。"②让人民群众在共享改革发展成果的过程中理解和认同党的主张，自觉接受马克思主义意识形态，这样，错误社会思潮的传播就没有吸引力、没有市场。这是从我党的根本宗旨出发，在引领社会思潮过程中所总结出的一条基本经验。

---

① 《马克思恩格斯选集》（第 1 卷），北京：人民出版社 1995 年版，第 11 页。
② 李长春：《在纪念〈求是〉暨〈红旗〉杂志创刊 50 周年大会上的讲话》，载《求是》2008年第 15 期。

移动互联网时代社会思潮的
传播特征及引领路径
——基于主流意识形态建设的视角

毕红梅　李婉玉[*]

　　自 2012 年被称为"移动网络元年"以来,移动互联网的各项功能得到不断优化,加之 3G 技术的成熟和 4G 技术的不断发展,移动互联网的使用已成为人们生活方式的日常,预示着移动互联网时代已然来临。各类社会思潮流变和传播的主阵地也正在从 PC(个人电脑)网络转移到移动互联网,呈现出更加迅猛的发展态势和新的症候。深入分析移动互联网技术对社会思潮传播的影响路径,探究移动互联网视域下社会思潮的传播特征,从而为社会思潮的有效引领提供有力依据,就成为当下维护我国信息和意识形态安全一个新的挑战和课题。

一、 移动互联网何以影响社会思潮的传播

　　移动互联网是社会思潮生成创造的一个新的孕育场,同时也是

[*]　毕红梅,华中师范大学副教授,研究方向为思想政治教育基本理论与实践。李婉玉,华中师范大学马克思主义学院硕士研究生,研究方向为社会思潮与思想政治教育。该本原载《思想教育研究》2016 年第 5 期。

各类社会思潮交流、交融、交锋的媒介与载体,对社会思潮的传播和流行产生了不可或缺的独特影响。

（一）技术支撑:促进了社会思潮的辐射状传播和裂变性传播

移动互联网技术的迅猛发展,最明显的是改变了社会思潮的传播速度和广度。一是即时性传播。在传统媒体时代甚至包括电脑网络时代,信息和人是二元分离的,人们需要在特定的场所以及特定的时间通过报纸、书籍、电视、广播、电脑等各种载体传播信息。而在移动互联网时代,人人都是在场直播,"零时差"的信息传递和资源共享仅通过一部联网智能手机就得以实现。二是便捷性传播。移动互联网背景下,新闻客户端、微信公众号、微博、视频客户端等成为人们接收和发送信息的平台。这在一定程度上使得社会思潮的传播超越了时间、空间的限制,跨越了经济水平、政治制度、文化水平等局限,从而实现社会思潮信息传播范围的最大化。三是共享性传播。移动终端具有"永远在线"的传播常态,加之移动应用软件具有强大的一键复制、粘贴、分享、转发以及点赞、评论和收藏等功能,人们只需动动手指就得以使各类思潮像细菌分裂一样迅速地扩散开来。

（二）话语空间:促进了社会思潮的全民性传播和个性化传播

有学者认为,哈贝马斯提出的"公共领域"概念是"以在一个共享的空间中聚集在一起、作为平等的参与者面对面地交谈的相互对话的个体观念为基础的……其本质就是为人们提供自由、公共的话语交流的互动平台,即公共话语空间"①。移动互联网时代改变了

---

① ［英］阿雷恩·鲍尔德温等:《文化研究导论》(修订版),陶东风等译,北京:高等教育出版社 2004 年版,第 132 页。

传统媒介时代一家独大的局面，传统话语权得以消解，从而为大众创造了一个新的公共话语环境。这一是促进了社会思潮的全民性传播。在移动互联网创造的虚拟空间中，每个人都被赋予了一定的话语表达权，这就降低了普通民众参与社会思潮讨论和传播的门槛，同时扩大了社会思潮的受众范围。二是促进了社会思潮的个性化传播。移动互联网时代是一个个体意识高度觉醒的时代，每个人都在试图表达个人观点和利益诉求。人们可以在世界不同的角落以不同的视角关注着社会动态，同时根据自己的知识背景和社会阅历，对社会思潮的内容和主张加入一些独特见解，这使得社会思潮在内容上得到不断创新和丰富。

（三）情感氛围：促进了社会思潮的自发性传播和深层次传播

移动社交空间有着与生俱来的虚拟性和隐蔽性特点。这就促进了社会思潮的自发性传播。由于移动互联网技术不可能对信息主体作出具体约束，这就为信息主体创造了极其宽松自由的环境。在这样一种环境氛围下进行体验式和狂欢式的信息轰炸，很容易使受众产生无意识和非理性行为，引发一场"能指"狂欢继而使受众主动进行分享转载，这在一定程度上促进了社会思潮的深层次传播。一是通过熟人传播实现。移动互联网具有强关系性，譬如近年来快速发展的微信社交，基本上是基于手机联系人或在现实生活中结识的熟人之间进行的。这极大降低了信任成本，使受众很容易相信来自亲朋好友圈的信息。二是通过互动传播实现。一旦社会思潮出现新的动态、新的内容，人们就可以通过手机、平板电脑等移动智能终端在第一时间点击查阅。还可以随时随地与信息源及其他接收者实现多向交流和多维互动，从而大大提高了社会思潮的深层次传播效率。

二、 移动互联网时代社会思潮的传播特征

（一）传播主体呈现去中心化和平民化特征

一是呈现去中心化特征。移动互联网时代，信息传播的结构模式由"树状"传播发展为"网状"传播。"在这个庞大的网络中，没有严格意义上的自下而上、从一到多的信息传递机制，每一个节点都是一个独立的信息源，都有信息辐射的力量，他们都是一个独立的主体。"①这改变了社会思潮从专业学术界到一般知识界再到社会公众三级层面进行传播的传统传播模式。"树状"传播模式中的主客体关系也不复存在，每个人都是平等参与社会思潮传播的独立个体，充分彰显了开放、平等、协作、分享的互联网精神。

二是呈现平民化特征。中国互联网信息中心于 2016 年 1 月发布的《第 37 次中国互联网发展状况统计报告》显示，"截至 2015 年 12 月，我国手机网民规模达 6.20 亿，有 90.1％的网民通过手机上网"②。智能手机价格的平民化以及移动上网资费的降低，使得手机上网用户远远超过传统 PC 用户。低准入和零门槛使得每个人自由地进行信息的传递、现实的批判和利益诉求的表达，从而也为普通大众参与社会思潮的创造与传播提供了广阔平台。这就使公众渐渐由旁观者发展为社会思潮的传播者和参与者。

---

① 李海春、李娟：《移动网络时代高校思想政治理论课面临的挑战与回应》，载《思想教育研究》2014 年第 4 期。

② "第 37 次中国互联网络发展状况统计报告"，中国互联网信息中心：http://www.cnnic.net.cn/hlwfzyj/hlwxzbg/hlwtjbg/201601/P020160122444930951954.pdf，2016-1-22。

（二）传播受众呈现年轻化和底层化特征

一是呈现年轻化趋势。一方面，无论是在技术上还是形式上，移动互联网的创新性和自由度都极大满足了年轻人的需求。数据显示，"截至 2015 年 12 月，我国网民以 10—39 岁年龄段为主要群体，比例达到 75.1%。其中，20—29 岁年龄段网民的比例为 29.9%，在整体网民中的占比最大"①。因此，青年大学生、青年蓝白领以及青年农民工等人群成为主要的移动终端用户。另一方面，大学生及青年务工人员等年轻群体有着强烈的发声意愿。由于开放的多元文化、强大的信息媒介以及求新求异的心理，他们容易被西方文化所宣扬的"自由、民主、平等"等价值观所吸引，甚至产生对西方民主政治制度的向往。同时，随着我国社会矛盾日趋尖锐，青年群体面临着高房价、高物价水平以及高就业压力等现实问题，这使得他们相比其他群体有着更多的困惑和诉求，也更容易引发对自身境遇和社会现实的思考和发声。

二是呈现底层化倾向。移动互联网的特征和社会思潮的主张使得处于社会低位人群的利益主张得到了宣泄和表达。一方面，从终端载体来看，"移动互联网在颠覆 PC 互联网方面呈现'农村包围城市'的态势"②。手机上网因费用相对较低、操作也更为便捷，成为乡镇居民、外出务工人员、低学历、低收入群体的首选，从而也为底层阶级参与政治生活和社会生活提供了平台。另一方面，从社会思潮的群众基础来看，社会思潮多以社会存在的矛盾为切入点，标

① "第 37 次中国互联网络发展状况统计报告"，中国互联网信息中心：http://www.cnnic.net.cn/hlwfzyj/hlwxzbg/hlwtjbg/201601/P020160122444930951954.pdf，2016-1-22。
② 《2014 中国移动互联网用户行为洞察报告》，载《中国广播》2014 年第 3 期。

榜自己为底层群体代言。而我国自改革开放以来,经济话语成为主导,阶级固化后的贫富悬殊以及信息的不对称,使得社会矛盾加大,底层人群向中层及高层流动的概率变低。因此,低收入者人群因其经济收入及其所处地位等特殊原因,极容易受到某些貌似为底层群体发声的社会思潮的吸引和影响。

(三)传播内容呈现生活化和交互性特征

一是社会思潮的内容愈加生活化。社会思潮是社会存在的镜像反映和缩影,有着深厚的现实生活根基。尤其在移动互联的信息爆炸时代,一种思潮能否为广大民众所接受,不仅仅取决于其理论是否正确和科学,更看其是否能满足多数人的现实诉求。因此,多数社会思潮不再囿于理论层面,而是围绕现实生活问题,从社会时政热点切入,与人们的现实境遇紧密衔接。教育、医疗、生态、就业、收入差距等民生问题就成为当下社会思潮的核心议题。同时这也掩藏了背后的政治意图,缺乏政治敏感度的普通民众很难将其识别。而人们在现实中的政治生活和经济生活状况,也将会直接影响人们对社会思潮的理解和接受。

二是内容的交互性现象日益明显。一方面,移动互联网的交互特性为不同思潮的沟通交流创造了条件,各类社会思潮在网民的推动作用下相互碰撞、相互交融;另一方面,社会思潮的传播者具有不同的经历和知识背景,他们会根据个人喜好以及对社会现实的分析和理解,对社会思潮的内容加以丰富抑或解构;再一方面,部分社会思潮为壮大自身力量,也会相互吸收相互壮大。因此,在多种因素的综合作用和推动下,各种思潮之间不再有明确的界限,而是具有杂糅特质。

（四）传播方式呈现隐蔽化和碎片化特征

一是隐蔽化传播。即社会思潮多采取隐性渗透的方式进行传播。"特定社会思潮的正统性、精英性、纲领性、一致性、完备性等特性在消解或弱化，越来越表现出松散性、草根性、多元化、矛盾性等特征。"①社会思潮潜隐在吸人眼球的新闻标题、热点事件、恶搞段子以及图片视频中，以此来掩饰其背后的政治意图和意识形态内涵。不仅如此，由于移动网络媒体如微信等具有极强的私密性和强关系性，使得传播关系中构成了私域。加上目前的网络监管技术还无法准确监测微信的语音传递信息，从而加大了管控和引领的难度。这就为社会思潮的隐蔽化传播提供了温床。

二是碎片化传播。一方面，移动互联网的信息传播凸显"双重碎片化"特征，即移动网民利用碎片化的时间查看、编辑和分享碎片化的内容。这缓慢而又深刻地改变了人们的阅读习惯，使人们的思想处于浮躁和浅接受状态，并在无意识的情况下接受信息；另一方面，社会思潮的代表人物会零碎地、看似无意地发表一些主张和观点，但多通过具有震撼性和冲击力的标题、图片和视频进行传达，仍会给接收者的认知和心理留下烙印；再一方面，碎片化的传播方式使得社会思潮的传播频率也逐渐变大，这同样在无形之中加强了社会思潮的传播效果。

（五）传播效果呈现群体差异性和双重性特征

一是传播效果呈现群体差异性。受众群体因年龄身份、知识背景、经济地位等主客观因素的不同，导致社会思潮的传播效果和表

---

① 方付建：《论网络时代的社会思潮》，载《中共杭州市委党校学报》2012年第1期。

现状态存在着群体差异性。不仅如此，即使在同一群体内部也存在着差异。以青年群体为例，青年大学生、青年农民工以及青年白领对不同社会思潮的知晓度、认同度和受影响度都不尽相同：大学生因其具有一定的知识背景，对社会思潮的知晓度较其他群体相对更高；青年农民工因其自身处境，对社会思潮的认同度则相对较高，尤以民主社会主义和民粹主义思潮最为突出；而青年白领因其相对优越的经济地位，对社会思潮则相对理性和冷漠。

二是传播效果具有双重性特征。"在各路思潮大军中，积极性与消极性并存，开放性与保守性并存，先进性与落后性并存，这是当代社会思潮的基本特征。"①社会思潮对人们的影响是复杂多面的，是一把启迪与冲击并存的双刃剑。一方面，一部分社会思潮体现了人类文明发展的新成果，具有启蒙反思和批判的作用，为社会转型提供了重要的思想条件和舆论环境，从而有利于推动社会的变革和创新；但另一方面，也应该敏锐地意识到，"多样化的价值观念、思想观念、行为观念之中可能存在杂念，意识流、话语流和认识流之下也潜藏了暗流"②。错误的社会思潮势必会对人们的价值观和行为方式有所误导，虚无、消极面也会动摇民众对于理想信念的追求，甚至冲击和消解主流意识形态的主导地位和引领作用，进而影响社会的稳定与健康发展。

三、 移动互联网时代主流意识形态对社会思潮的引领路径

各类社会思潮争相在移动网络媒体的舞台上激荡、碰撞，使得

---

① 邹东涛：《如何释放多元社会思潮的正能量》，载《人民论坛》2014 年第 10 期。

② 朱文婷、陈锡喜：《意识形态安全视域中的社会思潮辨析与引领》，载《湖北社会科学》2015 年第 6 期。

意识形态领域"渐迷人眼"。对此，主流意识形态要不断提升并充分发挥其强大的包容力、引导力和凝聚力，与非（反）马克思主义意识形态作彻底的斗争，从而进一步巩固社会主义主流意识形态的阵地。

（一）作好社会思潮的理论廓清和整合超越，提升主流意识形态的包容力

引领的本质在于整合超越而不是全盘否定和一味批判。考虑到社会思潮积极与消极并存、进步与落后共生的复杂性，就要摒弃"一刀切、一锅煮"的武断做法，切忌把"婴儿和洗澡水一起倒掉"。

一是在内容上要兼容并蓄。要有高度的理论自觉，用马克思主义立场、观点和方法，仔细廓清移动互联网上思潮的内涵、关系及其盛行的原因。对于中性、无害的社会思潮要以包容为主，同时在充分尊重此类社会思潮的个性基础上，引导其与我国的主流意识形态相适应。对主流意识形态建设具有借鉴意义的部分更要主动吸收借鉴、吐故纳新、为我所用。

二是在立场上要旗帜鲜明。对于错误的社会思潮，不能放任自流、听之任之，必须旗帜鲜明地予以批驳，理直气壮地予以抵制。并且要认真分析、切中肯綮，从而使人们激浊扬清、辨明是非，而不能采取"抓辫子""扣帽子""打棍子"等粗暴、武断的做法。"对于那些明显反对社会主义、反对共产党的，这次就要处理。可能会引起波浪，那也不可怕。"①如某些人身为党员却经常在公开场合发表坚持资产阶级自由化立场、反对四项基本原则、反对党的改革开放决策

---

① 《邓小平文选》（第 3 卷），北京：人民出版社 1993 年版，第 196 页。

的言论,公然把党和人民对立,必须对其予以严肃处理,决不能因害怕引起热议而装聋作哑、无所作为。

三是在眼界上要视野开阔。不仅要重视国内本土思潮的引领,也要将西方思潮纳入引领和借鉴的视域。同时要建立全球性对话机制,在对比中凸显主流意识形态的魅力。既要改变"国外形势风雨飘摇,国内风景这边独好"的观念,又要改变"在西方制度的笼子里跳舞"的不利地位,在充分吸收和整合全球性思潮优势的基础上获得学术自信、理论自信和道路自信,增强社会主义意识形态在国际上的话语权。

(二)打造具有竞争力的移动互联网主流媒体,提升主流意识形态的引导力

习近平强调:"党的新闻舆论工作是党的一项重要工作,必须坚持党的领导,坚持正确政治方向,坚持以人民为中心的工作导向,尊重新闻传播规律,创新方法手段,切实提高党的新闻舆论传播力、引导力、影响力、公信力。"①因此,主流媒体要充分利用移动互联网带来的技术红利抢占思想阵地。

一是着力增强移动互联网主流媒体的传播力。目前,《人民日报》、《光明日报》、新华社、央视等各大主流媒体都纷纷开通了自己的官方微博、微信,及时传达党和政府最新的大政方针、时事新闻,并致力于打造移动新闻客户端。这就为主流意识形态的传播奠定了良好基础,但在新闻的时效性以及内容的创新性和思想性上还需要进一步加强。

---

① 习近平:"党的新闻舆论工作座谈会重要讲话",央视网:http://news.cntv.cn/2016/02/19/VIDEvTv4Too4tzsiVfntaMdq160219.shtml.2016-2-29。

二是着力增强移动互联网主流媒体的公信力。移动互联网背景下信息纷繁杂芜，严重降低了公众对移动互联网媒体的信任度，主流媒体必须担当起把控移动互联网信息资源质量的责任，打造权威的移动互联网媒体布局。有重大和突发事件发生时，要在第一时间为公众提供最真实可靠的新闻内容，最大限度地消除杂音噪声，从而营造移动互联网良好的生态环境。

三是着力增强移动互联网主流媒体的影响力。移动互联网时代，人们面临着各种诱惑和选择，仅仅依靠主流媒体的权威性和公信力还不足以吸引公众眼球。因此，各大主流媒体必须创新移动互联网传播的方式和理念，用"接地气、有灵气"的民间话语唱出唱响主旋律，提升主流意识形态在网民群体尤其是青年网民中的影响力。同时，要加快提升中国话语的国际影响力，讲清讲好中国故事，着力打造具有国际影响力的外宣旗舰媒体。

（三）构建适应移动互联网时代的民意汲取机制，提升主流意识形态的凝聚力

"社会思潮是民心的风向标，是国家与执政党把握社情民意的传感器和晴雨表。"①社会思潮的动向在很大程度上是社会群体心态、利益诉求与价值取向的反映，关系到人民团结、社会和谐以及国家的发展问题。因此，党和政府需要充分重视并汲取移动网民这一"新意见阶层"的意见和力量，进一步增强全国人民的凝聚力和向心力。

一是准确把握民意动态。对于普通民众来说，移动互联网搭建起一个连接政府和群众的桥梁和中介。这就需要政府官员和人大

---

① 邹东涛：《如何释放多元社会思潮的正能量》，载《人民论坛》2014 年第 10 期。

代表、政协委员以及专家学者等主动入驻草根、民间媒体，更加深入地了解民情、倾听民意、贴近民心；同时，要积极争取并发挥演艺名人、商业精英、媒体记者等网络意见领袖的作用，让他们充当好普通大众和官方的中间使者。

二是及时回应网民合理诉求。要通过微信、微博以及客户端的留言互动关注网民利益诉求，对网民关心的热点、难点问题及时进行回答、解释和引导；要运用真实、具体、实时的数据和事例，向网民发布党和政府的所思所想所为，并阐明和解释政策措施及缘由。在重大事件和重要时间节点要尤其注意及时表态并迅速展开处理调查，用决心和有力的行动安抚、引导网民情绪，最大限度地团结网民力量，凝聚社会共识。

三是完善网络民意参与决策机制。在实际政治生活中，往往是由于政策不够公开化、科学化和民主化，导致人民群众对主流意识形态的认同度不够甚至有所下降。因此，要及时根据社会热点，征集线上线下民意并择优将其纳入政府决策之中，同时引导和促进公民理性有序的政治参与。需要注意的是，"网络民意具有较大随意性和流动性，需要政府相关部门将其汇总筛选，形成决策优势，真正发挥政策的引领作用"①。

总体而言，移动互联网技术的广泛应用，使得社会思潮的管控和引领变得更加复杂和困难，但同时也是我国主流意识形态建设的一项"新技术红利"。因此，必须牢固树立主流意识形态在移动互联网时代的领导权、主动权和话语权，使其从"最大变量"转变为"最大正能量"。当前，在加强对移动互联网思潮的研究辨别以及主流意

① 张雷、刘力锐：《网民的力量：网络社会政治动员论析》，沈阳：东北大学出版社2012年版，第218页。

识形态自身理论建设的同时，只有不断顺应人民发展的需求，切实解决人民迫切关注的现实问题，才能最大限度地凝聚社会共识，才能从根本上清除不良思潮滋生、植根、泛滥的土壤，最终助推实现中华民族伟大复兴的中国梦。

开放条件下社会主义意识
形态建设的路径选择

赵　勇　陈锡喜*

对于社会主义中国而言,社会的开放和生活多样化的转型,既是一种客观趋势和潮流,又是作为执政党的中国共产党主动推动的结果。中国共产党必须传承马克思主义,坚持马克思主义在国家政治生活中的指导地位。同时,要根据党的历史方位变化进行调整和转换,处理好社会主义意识形态建设的辩证关系,明晰社会主义意识形态的建设路径。

一、 社会主义意识形态建设的辩证关系

从生活同意识的关系看,在社会转型尚不定型时,为了使社会生活的"放"不致失控,有必要加强对意识形态的控制,但从长远看,控制又不能变成管死,要协调和平衡"放"与"收"的关系。

所谓"放"是指社会转型和生活方式的改变,带来意识形态的变

---

* 赵勇,上海对外贸易学院人文社科部讲师;陈锡喜,上海交通大学特聘教授、博士生导师,研究方向为思想教育理论课教学与研究。该文原载《学术论坛》2007年第3期。

革,体现为意识形态的过渡性和多样性。意识形态的过渡性是与其变革基础联系在一起的,在转型过程中,制度、规范以及观念体系的确立需要长时间地努力,而与之相适应的意识形态,在随其基础的不断变化中,其理论体系和观念体系具有历史性或非规范性。一方面,由于意识形态的变革,人们在面对各种新思潮、新观念时,因思维的惰性对旧观念的破除和新观念的接受都需要时间,在这个过程中新旧观念间的并存使意识形态具有过渡性;另一方面,由于意识形态变革的开放性,人们在面对引进的各种新思潮、新观念时,因思维的保守性对传统观念的扬弃和现代观念的吸取也有一个过程,从而使意识形态具有过渡性。

与意识形态的过渡性相联系,当前我国意识形态呈现理论上的以马克思主义为指导思想和现实生活中多种思想、观念并存的多样意识形态状态。这种多样意识形态,既有残留的自然经济基础上的封建意识形态和小生产者保守、落后的思想观念,又有计划经济体系遗留下来的教条主义的思想意识;既有当代西方积极的学术思想道德观念,又有资产阶级消极、颓废的理论思潮;既有社会主义市场经济下由利益主体分化重组中产生的各种非科学的思想观念,又有马克思主义意识形态。这些性质不同、内容相异的意识形态相互交织影响,形成以各种形式干预社会生活的复杂态势。

面对意识形态的过渡性和多样性,首先要承认、接受,但也要有一个选择、引导和控制的过程,这就是"收"。要在"收"的形式、手段、内容和对象上加以区别,立足底线,兼顾多样,保持社会主义意识形态的坚定性和连贯性。第一,不允许干扰经济和现代化建设这个中心。这是当代中国必须牢牢把握的大方向。第二,不允许否定四项基本原则。这是维护改革发展稳定大局的需要,同时也是培育民族精神、形成共同理想、增强国家凝聚力的需要。第三,不能成为外国的附庸。开放条件下的社会主义建设,必须明确"任何外国不要指望中国做他们的附庸,不要指望中国会吞下损害我国利益的苦果"[1]。通过树立社会主义意识形态的底线意识,沟通了"放"与"收"的关系,在生活与意识之间找到一个立足点。总之,"放"是意识形态本身属性和客观发展趋势的体现,"收"则是中国共产党提高主流意识形态说服力和感召力主动应对的体现。

从基本价值观的稳定性和变动性的关系看,不仅社会大众的价值观在急剧变化,党本身的价值观也并非一成不变,社会主义和谐社会的构建,需要寻求价值观稳定与变动的平衡点。

一般而言,社会大众价值观念的稳定性和变动性是相对的,价值观念作为社会的产物和表现,它必然随着社会的发展而变革。对于当下中国社会而言,社会主义初级阶段价值观念的状况,可概括为"多元并存,新旧交替"[2]八个字。所谓"多元并存",是指在共时态上,当前中国社会中同时存在着多种复合的价值观念的因素,面临着传统与现代、落后与先进、中国与西方、新与旧等一系列矛盾和冲突,呈现出一幅激荡的价值观念图景。所谓"新旧交替"是指在历时态上,我国当前价值观念从动态变化的角度看呈现出的特点。当前我国价值观念变革的总体走势和发展方向,就是实现从传统的或过去僵化的价值观念,向与社会主义现代化建设实践相适应的新型价值观念的转换。

当然,承认多样和多元只是认识的起点,现实生活中实际存在的价值观念多样和多元的现象,这并不意味着这些多样、多元乃至互相对立的价值观念都是合理的、正确的。这种多样化的意识形

---

[1] 《邓小平文选》(第3卷),北京:人民出版社1993年版。

[2] 马俊峰等:"关于价值观问题的调研报告",中国社科院哲学研究所:http//PhilosoPhy.cass.cn/org/shi/jzlls/zxbhm20010820/20010830。

态,往往是根据具体的焦点问题产生的不同价值观念和价值评价,反映了人们在经济、政治、文化、生活等各领域的行为策略和社会态度。而焦点问题的突发性和随机性及其评价立场和方法的多元性,使意识形态具有了更多的多变性和波动性,从而增加了意识形态调控的难度。社会主义意识形态建设面临的课题就是在多元价值之间保持合理张力,在多变性和波动性中寻求平衡。

意识形态的核心是价值观问题,对于社会主义意识形态而言,就是要保持相对稳定的基本价值观和党的最高价值观的平衡。一方面,以国家和民族的繁荣昌盛、人民的生活水平的提高作为根本的价值标准,而不是用理想化的先进标准否定普遍性的基本现实。另一方面,价值观的目标体系为社会活动提供了价值方向,中国共产党以实现"自由人的联合体""自由个性"为最终追求,并以此来教育并引导人们为实现共产主义社会而奋斗。社会主义的基本价值观同党的最高价值观都体现了"以人为本"的理念,在人的全面发展的实践展开过程中,保持社会主义价值观的稳定性和变动性的统一,实现社会主义基本价值观与党的最高价值观的沟通。

从不同意识形态的地位看,党必须传承马克思主义,坚持这一主流意识形态在国家政治生活中的指导地位,同时又要整合多样化的社会意识,使党的意识形态在指导地位上的一元化与社会意识的多样化之间保持一个必要的张力。

执政党的意识形态在国家统治的过程中发挥着举足轻重的作用。它不仅有维持现存的政治和社会秩序的"天然职能",而且借着各种文化和思想形态的手段,令党的意识形态所体现的阶级内涵与价值诉求成为全社会公认的主流社会意识,既为政权提供合法性基础,也为提高政党的政治动员能力提供可靠的保证。中国共产党集领导党与执政党于一身,党的意识形态工作要根据执政党的角色实现意识形态功能的转换。

要从领导党与执政党相统一的角度重新界定指导的内涵和外延，改变过去一谈指导和加强就是仅仅用行政的手段支撑一元化的领导，而是在科学描述的基础上，明确价值导向，通过多样化的手段发挥主导功能。这种主导功能既体现在意识形态的宣传、教育、灌输上，又体现在通过传媒对人们进行思想影响上；既有用哲学社会科学、思想政治教育为主的理论说服和教育，又有文学、艺术等各种形式的参与。与此同时，党要调整意识形态，使党的意识形态更有弹性，坚持在解放思想中统一思想，在加强管理中促进繁荣，并注重在调整中坚持自己的原则，使党的意识形态在指导地位上的一元化与社会意识多样化之间保持一个必要的张力，在多元中树主导、在多样中求共识、在多变中争主动、在多组织活动中显优势。既不因为某些思想观念不合己意，就拒不承认社会意识多元化的存在，否认现实；又不因为客观存在着的多元化事实，而放弃自己应有的主体立场。

从党的历史方位的变化重新界定"指导"的内涵和外延。中国共产党历经革命、建设和改革，已经从领导人民为夺取全国政权而奋斗的党，成为领导人民掌握全国政权并长期执政的党；已经从受到外部封锁和实行计划经济条件下领导国家建设的党，成为对外开放和发展社会主义市场经济条件下领导国家建设的党。马克思主义作为党的指导思想，不仅是一种意识形态，也是一种文化理念。过去，我们往往仅仅注重作为意识形态的马克思主义，而忽视作为先进文化的马克思主义。作为革命党，在战争年代突出马克思主义的意识形态特征，高举马克思主义革命性、阶级性、战斗性的大旗，对于夺取胜利、获得政权至关重要。然而，作为执政党，为了调动一切积极因素建设中国特色社会主义，在坚持意识形态基本原则的前提下，必须更加突出马克思主义的文化功能，使其在"多样化"的过程中，真正担负起"主旋律"的责任，使党"指导思想"的功能在全社会范围内体现为文化主导的功能。

从党的意识形态同各种社会思潮的关系看，关注党的意识形态与社会思潮沟通的必要性和可能性，在综合考量中对中国社会思潮进行分类和评价。

随着中国开放的深入和社会转型的加剧，作为反映这一现实的社会思潮也在不断变化。一方面，要看到党的意识形态与社会思潮沟通的必要性。社会思潮是孕育意识形态的思想基础，在社会意识结构中，社会思潮属于社会意识形态的范畴，是社会意识的一种综合表现形式。它不仅有一定理论形态的思想主导，而且还交织着广泛的社会心理因素。一旦社会心理因素被激发，演变成社会思潮的时候，积淀在社会心理中的理性因素便会为意识形态的形成提供思想基础。同时，一种理论体系和意识形态要内化为人们的心理并转化为人们的实践活动，要通过社会思潮这一环节沉积于广泛的社会心理之中。

另一方面，要看到党的意识形态与社会思潮沟通的可能性。无论是党的意识形态还是社会思潮，由于其立场和出发点不同，提问方式和叙述方式会不同。同时，不同历史阶段的不同阶级、阶层之间矛盾的性质和特点也会发生某种程度的变化。看起来纷繁复杂的社会思潮，实际上与意识形态具有同样的"派生性"，都是社会矛盾特别是社会基本矛盾运动和作用的结果。这就决定了党的意识形态与社会思潮之间某些方面对话的可能性。因此，认识社会思潮就要分析社会矛盾的运动特别是矛盾双方向对立面转化的性质，揭示社会思潮形成和流变的社会基础，注意把收集的思想理论信息与外在环境和形势联系起来，综合运用历史资料和现实资料，把握社会思潮的发展趋势。尽管一些社会思潮带有明显的阶级、政党和集团的烙印,然而相当多的还是思想认识问题。要区分思想认识问题、学术问题和政治问题的界限,坚持用不同的办法解决不同的问题。

对中国社会思潮的分类及其评价,现在很难再对中国社会的各种思潮贴上"左"或"右"的简单化标签。通过对社会思潮形成的历史根据、社会根据及同西方社会思潮的渊源关系等方面进行综合考量,重视社会思潮背后的利益分析,以此厘清各种社会思潮的关系。对于社会思潮,公众往往很难弄清楚他们真正的政治分野,因为根据对不同焦点问题的认识,争论各方的阵营也常常发生变化,表面上思想理论基础完全不同的思潮,在某些问题的看法上却完全一致,不过各派为社会开的药方不同而已。[①]而焦点问题的背后就是利益的分野,社会思潮实质上是说明利益正当性的价值系统,亦即评判社会现象和行为的价值标准。不同社会思潮之间的差异与争论直接和主要的就体现在这个方面,其实质是不同阶级、阶层利益之间的差异与较量。通过运用马克思主义的立场、观点和方法,深入研究和分析当今各种社会思潮的思想内容和表现形式,做好社会思潮的引导工作。

二、 社会主义意识形态建设的路径选择

在方向上,社会主义意识形态建设要处理好指导思想一元化与社会意识多样化的关系,形成"一主多元"的意识形态格局。

统治阶级的思想在每一时代都是占统治地位的思想,然而,统

---

① 李培林等:《社会冲突与阶级意识》,北京:社会科学文献出版社 2005 年版。

治思想并不是真正统治社会中从属的群体，而是在很大程度上为社会提供统一性和方向。"主"就是在指导思想上以马克思主义为指导的主流意识形态，使发展着的马克思主义在意识形态建设中居于统领地位，起主导作用。"多"就是社会意识形态上的多样化。用"一主"统领多样社会意识形态的前进方向，从而使社会意识形态成为发展目标明确、相互包容、结构合理、和谐不悖的格局。一方面，在经典马克思主义和当代马克思主义的结合中，对马克思主义的"硬核"作出符合科学性和时代性的新的阐释，强化"一主"的导向功能。另一方面，在正确界定和处理党的意识形态、国家意识形态和社会意识之间的关系上，协调主流文化、流行文化、精英文化、大众文化以及"大众的文化"之间的关系，尊重多样化的社会意识形态现实。思想越多样化越是需要有主心骨，越要发挥好"一主"的解释和导向功能，在"一主"的统领和指导下，"多"而不乱，"多"而不杂，从而推进社会主义意识形态建设。

在价值取向上，社会主义意识形态建设要坚持党性原则与以人为本相统一，有效地促进党的意识形态的"目的因"向公民精神的"动力因"渗透。

作为执政党的中国共产党要把党的政治理想、中华民族的社会理想和公民个人的事业理想结合起来，平衡社会主义、共产主义的理念和发展社会主义市场经济给社会生活带来的不可逆转的变化，适应社会意识形态在开放条件下发生的变化，将党的政治理想同中华民族的社会理想结合在一起，使其内化为中华民族振兴的思想源泉和精神动力；将党的政治理想同公民的个人追求相结合，升华为全体公民的共同理想和共同追求。从而取得意识形态工作的主动权，帮助公民认识当代中国大局和未来发展大势，发挥党的意识形态对社会意识形态的影响和渗透。社会主义意识形态要确立"以人为本"的理念,从尊重人、关心人、发展人、激励人和促进人的全面发展等方面进行价值定位,以引导群众树立热爱祖国、遵纪守法的公民观念,适应社会主义市场经济秩序、实践有序政治参与、享受健康积极的精神文化为基本目标,有效地促进党的意识形态的"目的因"向公民精神的"动力因"的转化。

在内容上,社会主义意识形态建设要把增强民族凝聚力、加强社会主义政治文明教育作为重要内容。

我国改革发展进入关键时期,社会利益关系深刻调整,各种思想文化相互激荡,群众精神文化需求迅速增长。社会主义意识形态必须适应这种变化,向现实生活扩展,根据社会需求和人的发展的要求进行内容的选择。要突出以爱国主义为核心的民族精神和以改革创新为核心的时代精神教育。在民族精神的宣传中,站在世界文化发展的前沿,重新审视以内敛为特征之一的中国传统文化精神,把社会主义市场经济与中国传统精神的改造和创新统一起来,赋予传统精神以时代意义,以服务于当前的社会主义市场经济建设、民主法制建设和精神文明建设;要加强中国和平崛起的国际形象的宣传,赋予民族情感以理性精神。社会主义意识形态建设还要加强社会主义政治文明教育,注重培养大众的公民意识,把引导大众做好有序政治参与作为重要内容,重视以提升人的素质为中心的社会诚信体系建设。

在途径上,社会主义意识形态建设要协调各种手段和工具,把增强主流舆论的引导力作为重要途径。

社会主义意识形态的建设要面对传媒成为生活方式的现实,在现代开放的社会条件下,传媒已经成为影响人们思想观念和价值取向的"第一影响源",传媒的便捷性、多元性、层次感、多角度和不同媒介的形态特征,拓展了意识形态传播的空间。作为执政党的中国共产党要保持并发挥主流意识形态的影响力,就必须进一步增强传媒运用能力和舆论影响能力。一方面,协调社会主义意识形态建设的传统手段与新兴手段的关系。执政党既要能够有效运用法律、行政、经济、科技等传统手段或直接手段,又要在信息提供、信息控制、资讯评价等新兴或间接手段上发挥控制传媒的影响力,从而实现传播主张、体现意志、争取认同、营造氛围、引导社会的目的。另一方面,处理好传媒的公共性与市场化的关系。既要尊重传媒的理性选择,关注其背后所要追求的利益最大化,也要体现传媒的民生关怀,引导传媒发挥公共性的作用,在舆论宣传上把好关,注意引导传媒发挥公共社会职责的功能,在经济效益和社会效益中间寻求平衡。传媒要能够反映时代变化和社会发展的思想观念,真正满足不同层次的文化需求,特别是发挥对主流精神的引导和批判,通过引导和批判把驻扎在人们心中的善与美、崇高和博大激发出来。

在语言和范畴上,社会主义意识形态建设要调整语言和范畴,形成具有支撑力的话语资源系统。

语言和范畴是思想方式的外在体现。社会主义意识形态建设要求实效,必须向公众说出可理解和信赖的语言,不仅让公众听到,更重要的是,要让他们听懂和信服。为此,要创制表达方式与解读的受众所期望的相一致、与他们的思维方式和解读心理相一致的"亲近性文本"[1]。因此,要调整社会主义意识形态的语言和范畴,及时反映和适应社会生活的新变化。对一些沿用多年的范畴,如"集体主义""两类矛盾"等作出时代性的回答,对在封闭条件下习以为常的一系列宣传范畴和语言重新加以解读,处理好这些范畴与开

---

[1] 杨保军:《创制亲近性文本是跨文化有效传播的重要基础》,载《国际新闻界》2001年第6期。

放社会使用频率更高的范畴的关系,如历史规律与人的选择、理想主义与现实问题等。同时,建设支撑社会主义意识形态的话语资源系统。批判吸收世界文明发展中被普遍认同的价值理念,继承发扬中国传统道德价值资源,在面向世界、面向现代化、面向未来的进程中汲取中国传统文化的民族性精华,彰显新时期中国标志性形象,树立中国发展符合世界潮流的改革开放的形象、对外和平发展对内安定团结的合作稳定形象和独立自主敢于负责的形象。社会主义意识形态要在顺应全球化中突出自身的特色和追求,保持思想上的包容性和实践上的主动性,在全球化的对话中赢得话语权。

香港社会思潮分析及有效
引导的机制和途径

徐海波[*]

一、问题的背景

1997 年 7 月 1 日,英国在香港的殖民统治结束,中国恢复对香港行使主权,"港人"的国家、民族身份认同问题在学界再次引起热议,大陆和香港学界开始密切关注、讨论香港的文化与身份认同问题。由于经历了殖民统治和近代不同寻常的发展,在香港衍生出中国传统文化、岭南文化和西方现代文化渗透融合的文化形态,表现出中国与西方文化、传统文化与现代文化、殖民文化与本土文化、商业文化与非商业文化并存的状况。[①]一百多年的殖民统治,不仅导致香港和中国内地政治制度的差异,同时在这期间,港人逐渐开始寻求和形成自己独特的文化身份,有了一种与英国和中国内地主流

---

* 徐海波,深圳大学社会科学学院教授,中山大学港澳与内地合作发展协同创新中心兼职研究员,深圳大学港澳基本法研究中心兼职研究员。该文原载《新视野》2016 年第 1 期。
① 徐海波、冯庆想:《解构香港群体意识形态的文化脉络》,载《行政与法》2013 年第 12 期。

意识形态都不同的"香港意识"或"香港精神"。①自"九七"回归议题提出和最近香港特首普选问题以来,它在港人的利益诉求、政治诉求和身份诉求中一直扮演着极为重要的角色。②从历史与现状可以看出,香港社会思潮经历了复杂的变化过程,但其基本形态和思想内容比较稳定。香港社会思潮承载着港人的思想观念、价值取向、群体心理,把香港不同群体、不同阶层、不同集团的利益、需求、兴趣凝聚在一起,形成思想意识上趋向一致的社会认同。因此,只有全面把握香港社会思潮发生作用的规律,系统剖析香港社会思潮的内涵、特征及其引导机制,我们才能深刻把握香港社会的思想动向,凝聚港人向心力,增强港人对国家的认同感,为"一国两制"的实践提供支撑和理论指导,巩固"一国两制"的发展成果。

二、 香港社会思潮的理论形态与思想内容

香港社会思潮纷繁复杂,归纳起来,大约主要有以下一些理论形态与思想内容。

(一)自由主义

主要表现为自由放任,希望"大市场小政府",将社会生活各种决策,交由市场供求变化的规律引导。这种自由主义及其所关联的个人主义、商业主义等是推动香港社会现代化的强大动力,成为香港长期以来的思想共识,引领着香港社会思潮。经过亚洲金融危机,加上本土经济后劲不足,社会流动机会锐减,社会积存问题浮

---

① 高马可:《香港简史—从殖民地到特别行政区》,林立伟译,香港:中华书局(香港)有限公司 2013 年版,第 93 页。
② 黄月细:《"香港意识"展望》,载《深圳大学学报》2014 年第 4 期。

现,具有明显的自由主义、个人主义价值取向和发家致富意愿的香港社会思潮的感召力有所削弱。但在社会的变迁中,关于自由主义的正反论述、利弊之争依然是香港社会思潮中的论战主线,持续影响港人的思想动向。

（二）本土主义

自由开放的文化环境、成熟的社会制度和不同寻常的现代化发展历程形成了香港不同于内地的社会身份的建构轨迹,香港逐渐形成自己独特的港人身份意识,表现为一种以本土地缘情感、集体记忆、历史经验和生活方式为基准的"香港意识"。据周永新归纳,第二次世界大战结束到1984年中英两国就香港前途公布《中英联合声明》为止,香港人对自己的身份认同,大致经历两个阶段：第一个阶段是以"难民"自居。战后的二十年里,从1945年日本投降到20世纪60年代中,香港人口中2/3是从中国内地来港的难民和他们的子女,他们多看自己是难民;政府在制定政策时,也以难民的身份来看待他们。第二阶段从1966年的九龙骚乱事件开始,到1984年《中英联合声明》公布为止。在这二十年里,港人逐渐意识到自己不再是难民,他们属于香港这个地方,而政府也积极认同自己是香港市民,并且鼓励他们参与社会事务。①这种本土性论述基于香港与内地在市场发展、政治制度、社会环境等方面的差距而建构自我与他者的认同模式,在港人的经济利益诉求、政治诉求和身份诉求中一直扮演着极为重要的角色,是香港社会思潮中不可小觑的一种思想倾向。

―――――――――――――――

① 周永新：《香港人的身份认同和价值观》,香港：中华书局（香港）有限公司2015年版。

（三）政治民主主义

近几年香港呈现出政治社会化倾向，围绕政制改革的公共论述、政治争拗是香港社会思潮的焦点所在。香港《基本法》在发展方向与最终目标上充分肯定香港特首、立法会双普选，同时也明确指出香港民主化进程要循序渐进。中央的基本立场是坚定不移的，爱国爱港、不对抗中央是香港普选的底线，这引起香港各界热烈讨论，并得到广泛认同。但是反对派把中央所声明的行政长官必须是爱国爱港的，解读为要排除泛民主派作为行政长官候选人，制造社会舆论，策动"占领中环"，挟持港人利益作为与中央谈判的政治筹码，向港府和国家的政策方针施压，争取所谓"真普选"。这种社会思潮意图通过挑动民粹主义力量打通介入建制内部的通道，影响政治权力的重构和社会资源的分配。其背后反映的深刻问题是通过利用港人对经济状况、社会民生的不满心理进行政治动员，转移其视线到党派、团体、社群的政治意识形态的争执，颠倒经济社会发展的重心。这是香港当前社会思潮较为明显的缩影，构成影响香港繁荣稳定的潜在因素。

（四）国族主义

150多年殖民统治和近代不同寻常的发展，不仅导致香港与内地制度安排的差异，也致使港人国家观念的错位与偏差。在港人集体观念里，对国家的认识局限于自然领土、民族身份与地域文化，对香港与国家政治体制、主权的内在关系缺乏全面客观的认识。大部分港人在文化层面认可中华民族的文明，并认为在文化历史上香港和中华民族是一个不可分离的"命运共同体"。但他们在承认中华民族身份的同时，认为民族主义不能凌驾于专业主义、人权法治、言论自由等香港业已形成的核心价值之上。内地的"国家利益高于一切""爱国天经地义"的传统政治价值在香港社会显得"水土不服"，甚至被部分反对派成员歪曲为"洗脑"工具。在香港，对国家的理解、民族的叙述和解读存在不同声音和观点，香港的本土认同与国家认同之间存在脱节，使得国族主义成为香港社会思潮中最为复杂的问题之一。

（五）香港中产阶级的群体思想意识特征

香港中产阶层是特定现代化进程与社会经济发展的产物。回归之前，在特殊的经济、政治和文化背景下，香港中产阶层表现出明显的政治"冷漠"。回归之后，由于社会经济的衰退，中产阶层陷入困境，其政治生态发生巨大变化。他们开始从游离于政治之外的旁观者转变为积极的政治参与者。但是，香港中产阶层的异质性导致他们政治取向的多元化特征。①

（六）香港政治反对派的政治理念及其渊源

由于长期接受港英政府的西化教育，香港新一代中上阶层华人对西方资本主义制度尤其是英国政治制度有强烈的认同感，他们随着政治环境的改变而成为香港反对派政党与政团组织的中坚力量。他们基本上认同西方民主政治理念和价值，在政治层面，他们对特区政府甚至中央政府表现出较强烈的抵触和排斥。

（七）香港政党政治的意识形态特性

虽然各政党都试图代表中产阶级的利益诉求，但是，它们的立

---

① 杜婷、徐海波：《香港中产阶级政治生态分析》，载《特区实践与理论》2013 年第1 期。

场纷杂而混乱,效果不佳。"监察性"政治文化盛行,为反对而反对。政治做秀,"选票第一"成为许多政党运作的第一要义。为了选票,一些政党以反中、反共、反特区政府为己任,逢中必反,或否定特区政府的议案,或提出脱离实际的议案以获得所谓"民心"。①

总括言之,香港社会思潮历经变化,纷繁多样,但其基本诉求比较稳定,主要围绕自由主义在经济、政治、文化与社会的纬度展开,主要表现为经济自由主义、政治民主主义、文化商业主义、社会个人主义等。香港社会思潮的具体内涵随着时代变化和社会发展不断丰富,反映了港人精神世界的微妙变化与关注的社会焦点的转换。总的来说,经济利益诉求是香港社会思潮发展的根本推动力,而社会思潮中的建制派与泛民主派的政治话语权之争基本聚焦在香港社会当前存在的现实问题。贫富差距拉大、房价租金高企不下、部分官商相互勾结、弱势群体得不到足够关注等社会问题及其解决方式与办法,将成为未来香港社会思潮交锋的焦点。

三、 引导香港社会思潮的基本原则

两地对话的基础是"一国两制"。若想引导香港社会思潮向着爱国爱港的方向发展,重构港人的身份意识和国民意识,逐步实现香港的"人心回归",就必须加强内地与香港之间的对话与交流。事实上,内地与香港在法治、民主、和谐、诚信等核心价值观方面存在共同之处,完全具备对话的前提条件。当然,两地对话也必须把握一些基本原则。

---

① 徐海波、包毅:《香港社会政治思潮的兼容性趋势及原因分析》,载《理论研究》2015年第 1 期。

（一）"一国两制"基本国策是构建内地与香港两地意识形态对话和交流的平台和出发点

香港回归问题的解决得益于"一国两制"政策的提出，"一国两制"中"一国"是主权，是内地和香港共同的大前提和共同的目标，"两制"是在尊重香港的历史与现实基础上为保持香港的繁荣与稳定而采取的策略；"一国"是目的，是内地和香港同胞共同的奋斗目标，"两制"是保持业已形成的经济社会繁荣的手段。因此，"一国"与"两制"的地位明显不同，"一国两制"的前提是一个中国原则，"两制"是建立在一个中国的基础之上的，"一国"高于"两制"，比"两制"更重要。部分港人却没有正确认识"一国"与"两制"的辩证统一关系，片面强调"两制"。"一国两制"是我们当前和今后制定有关香港的政策的基本框架，是规范香港多党政治和民主实践的不可动摇的制度性底线，是进行两地意识形态对话和交流的平台与出发点。一切对话都只能在"一国两制"的框架内谈。

（二）厘清两地的差别与联系，以开放和相互学习的心态开展对话与交流

在提倡两地进行意识形态对话的过程中，我们首先应该厘清各自文化与意识形态的差别与联系，不能一味地强调"和"或"不同"，而犯"文化霸权主义"和"文化相对主义"的错误。只有厘清各自文化与意识形态的差别和联系，才能有助于我们探究如何实现互相借鉴和发展的路径。通过两地文化与意识形态的相互对话，可以发现自身的不足，而另一方面，它又可以吸收其他文化系统的有益因素来进一步拓展自身的视野，从而有利于自身的发展。

世界是丰富多彩的，一部人类文明发展史，就是不同的文明在

竞争比较中取长补短,在求同存异中共同发展的历史。内地与香港意识形态之间存在差异、竞争与碰撞都很自然。在文化融合的过程中,强调文化系统内各自差异的合理性,将有利于两地文化与意识形态的对话和发展。文化系统之间存在着差异,但这种差异不应当成为任何一方的文化歧视或价值优越感的理由。两地在意识形态对话中既反对任何形式的文化霸权,也反对任何形式的文化自我封闭。通过学习,不同文化传统间的相互理解和对话才有可能,不同文化叙述之间的话语翻译才有可能。

（三）优化社会生态环境,强化两地对话的外部保障

良好的社会生态环境能够增加两地人民的价值认同感,有利于把不同利益的群体凝聚到同一对话平台上来。我们应该优化两地意识形态对话的经济环境。推动香港与内地经济一体化发展,进一步密切两地经贸关系,缩小两地经济价值观念的差异;以"一国两制"为原则和导向,优化两地意识形态对话的政治环境;优化两地意识形态对话的文化环境,加强两地文化交流与合作,搭建两地文化产业的长效合作机制,在互利互补的基础上实现文化艺术和文化产业共同发展。

把不同社会诉求的合力聚集到发展经济、改善民生上,让发展成果惠及香港社会各个阶层民众;保持国家政权和香港治权的稳定,维护中央与香港的互动关系,协调香港社会主流意识和国家意识形态的关系,这些都是引领香港社会思潮方向的关键点。在"一国两制"下,香港与内地共谋发展大局,在思想观念上认同与拥护国家的政权,坚决维护香港的法治原则、法治核心价值与香港的根本宪制秩序。在践行中致力于爱国爱港事业,维护内地与香港的共同利益,朝向两地共同的社会发展目标,共同致力于实现中华民族伟

大复兴的中国梦，这是不可逆转的历史潮流，也是引导香港社会思潮的方向和目标。

四、引导香港社会思潮的途径与方法

对香港社会思潮的引导，可以通过以下途径和方法进行。

（1）采取有力措施构筑两地民众的崭新的国民意识。我们通过研究发现，由于一个多世纪的分隔，内地与香港所理解的"中国""民族""国家"等概念出现了较大偏差。当前，发生在内地居民与香港居民之间的许多摩擦都与这种理解的偏差有关联。消除这种摩擦，除了及时出台合适的行政与法律规定以外，更重要的是要通过多渠道的交流增强内地人和香港人之间的理解与互信，增进香港人对中华人民共和国以及自己作为其公民的认同，并在此基础上构建内地人与香港人所共有的全新国民意识。当前，以增进理解和信任为目的的文化交流活动，在两地往来中的比例依然亟待提高。①

（2）澄清基本政治语汇的歧义，是消除两地理解障碍，达成共识的前提。由于两地分隔日久，在表达方式以及概念上，诸如"民主""国家""民族""公民"等基本政治术语的理解上都形成了显著差异，这些差异的存在已经在相当大的程度上危害到两地之间的政治交流与沟通，影响到对表达意义的理解和把握，诱发了两地之间的纷争与冲突，阻碍了香港人的政治与国家认同的形成。这种局面彰显了开展两地对话共建交流对话的共有语言平台的必要性。我们应该尽快开展"香港学"研究，编撰"香港研究词典"，赋予两地交流对话概念以"意义"，占领话语权的高地。

---

① 徐海波、邢立军：《国民教育、意识形态与身份意识构建》，载《学术界》2013 年第 6 期。

(3) 进一步推进国民教育的开展,明确国民教育的公民教育属性,推进香港从"子民教育"到"公民教育"的转变。国民教育所遭遇的反弹不应成为其被废止和延误的理由,而是应当成为调整国民教育开展的途径、方式与内容的基础。国民教育不应当回避其意识形态性,但是应当把重点从政治说教引向对受教育者的国家、政治与文化认同的建构。①

(4) 中国作为大一统的多民族国家,在其悠久的发展史中包含有大量处理中央与地方关系的经验和智慧,对它们进行发掘和整理,可以为我们今天处理中央与香港关系以及引导香港社会思潮的走向提供启迪。我们现在香港问题的研究往往侧重政治、经济和法律的研究,而忽略哲学(观念形态)、社会、文化、历史和民族等学科的研究。这些领域研究的开展有利于我们全面地认识和了解香港,为决策和政策的出台提供理论依据。我们应该以"香港学"为核心,在香港问题上尽早开展这些相关领域的研究。

(5) 以香港和内地的共同社会发展目标为契合点,通过"中国梦"引导,形成两地人民共同奋斗的思想基础和精神动力。这是国家意识形态引导香港社会思潮的可行之路。②习近平总书记高瞻远瞩提出了"中国梦"这个重大命题,并做了全面、科学的阐述。"实现中华民族的伟大复兴,是近代以来中国人民最伟大的梦想,我们称之为'中国梦',基本内涵是实现国家富强、民族振兴、人民幸福。""中国梦"是国家意识形态的大众化、通俗化表述,极具亲和力和包容性,拉近了国家政治话语与老百姓现实生活的距离,"中国梦"使得承载着国家意志、政治理想、社会目标等国家意识形态的话语易

---

① 邢立军、徐海波:《香港青年的国家认同和构建途径思考》,载《宁夏社会科学》2014年第4期。

② 徐海波:《中国梦与香港群体意识形态的整合》,载《伦理学研究》2014年第4期。

于渗透到人们的精神世界，为大众所接受认同。"中国梦"的外延相当丰富，既是指实现中华民族伟大复兴的民族梦，也包括每个中国人追求幸福生活、实现人生价值的个人梦；既是指内地社会发展的目标，也是港、澳、台地区社会发展的理想。

在香港，"香港梦"也逐步成为大众谈论的话题之一。香港梦是"中国梦"的重要组成部分，它与当前港人求稳定、谋发展、促和谐的香港总体价值取向、社会发展目标具有高度的一致性。"中国梦"是中国内地人的梦，也是中国香港人的梦；实现"中国梦"，不仅是中国内地人的历史使命，也是中国香港人义不容辞的责任。香港与国家共谋发展大局，共同致力于实现中华民族伟大复兴的"中国梦"，这是历史的潮流；香港人逐步完成个人梦想与民族梦想、国家梦想的融合，实现个人奋斗、地区发展向民族振兴、国家富强的升华，这是中国香港梦的应有之义。

寻求实现这个目标的可行路径，无疑需要借助文化力量和共同理想的指引，这个理想就是内地和香港共同享有、共同付之行动的"中国梦"。它是两地人民在趋向一致的国民意识中表达民族情感、展示国家力量的集体心理诉求；是让香港人和内地人切实感受到个人与国家发展休戚相关的精神纽带；同时它也是两地普通百姓渴求国强家富、追求幸福生活的愿望表达。可见，中国香港梦与"中国梦"是相辅相成的。

"实现中华民族伟大复兴的中国梦，必须走中国道路，弘扬中国精神，凝聚中国力量。"香港梦是"中国梦"的组成部分之一，是"中国梦"在香港这个特殊地区的表现形态之一。因此，以"中国梦"引导、实现中国香港梦的现实路径与模式，也必须走中国香港道路，弘扬中国香港精神，凝聚中国香港力量。

香港道路、香港精神、香港力量与中国道路、中国精神、中国力量在本质上是一致的,它们在社会发展目标、社会进步的主要路径、文化渊源、价值取向上具有共同的经济、文化和社会基础。因此,为探寻国家意识形态整合香港社会思潮提供了现实的路径和模式。

首先,香港道路是具有中国特色社会发展道路的具体表现形态之一。在历史和现实因素的作用下,中国内地道路与香港道路有所不同。中国内地坚定不移走中国特色社会主义道路,这是适合内地基本国情和历史必然的道路选择;香港在"一国两制"下保持资本主义制度和生活方式不变,这是经过香港回归十几年社会实践证明的正确选择。两地走的现代化道路不同,所依据的社会基础和现实条件也不同,但是它们的前进目标、发展动力、发展道路是相互融合、交织和重叠的。因此,香港社会发展的道路是在特定历史条件下,中国社会发展道路的具体表现形态之一。

其次,香港精神是中国文化和中国精神在香港的延续和发展。香港精神是在香港特殊的近现代历史、经济、政治和文化背景下形成的港人普遍认同的社会群体意识,它包括本土生活经验、集体记忆与群体意识。一种社会精神要永葆生机活力,必须顺应历史潮流,不断注入新的时代内涵。通过精神对话与文化交流,把以民族精神和时代精神为核心内容的中国精神注入香港精神,形成港人认同的中国香港精神,这是香港社会发展的必然要求。

最后,香港力量是中华民族力量在香港的拓展和具体化。中国香港力量是国家力量、民族力量、香港力量的相互交织,有力地推动香港梦的实现进程。国家强大、民族强大,香港才可能强大。有国家和全民族作为香港发展的后盾,香港才能屹立于世界之林。国家的综合实力增强,香港的区域性优势地位才能提升。

由于一个多世纪的分隔,港人的国家意识、民族意识与历史意识深深融入香港本土话语体系。因而,引导港人在"一国两制"政治框架下深入了解国家体制与香港体制的内在关联，促进港人的国家认同感、民族依附感和香港归属感，就必须从国家层面、历史层面与个人层面有序地向港人阐释"中国梦"与"香港梦"融合的历史必然性与现实可行性，通过国家与香港共同发展的实践成果逐步整合香港与内地的国家价值观、社会发展目标及其实现方式，引领港人从经济和法理层面回归向意识层面回归的历史性转变。以"中国梦"引导、整合"香港梦"的实践路径，为探寻两地意识形态的对话机制和交流平台提供了现实可能性。

把不同社会诉求的合力聚集到发展经济、改善民生上，让发展成果惠及香港社会各个阶层民众，保持国家政权和香港治权的稳定，维护中央与香港的互动关系，协调主义和国家意识形态的关系，这些都是引领香港社会思潮方向的立足点。在"一国两制"下，香港必须与国家共谋发展大局，在思想观念上认同与拥护国家的政权，坚决维护香港的法治原则、法治核心价值与香港的根本宪制秩序。在践行中致力于爱国爱港事业，维护国家与香港的共同利益，朝向两地共同的社会发展目标，共同致力于实现中华民族伟大复兴的"中国梦"，这是不可逆转的历史潮流，也是香港社会思潮的应有走向。

图书在版编目(CIP)数据

社会思潮极端化的预防与消解/章冲主编.—上海：
格致出版社：上海人民出版社,2019.9
（中国主要社会思潮）
ISBN 978－7－5432－3026－2

Ⅰ.①社⋯　Ⅱ.①章⋯　Ⅲ.①社会思潮-中国-现代
-文集　Ⅳ.①D092.7-53

中国版本图书馆 CIP 数据核字(2019)第 151914 号

责任编辑　裴乾坤
装帧设计　人马艺术设计·储平

中国主要社会思潮

社会思潮极端化的预防与消解
章　冲　主编

出　　版　格致出版社
　　　　　上海人民出版社
　　　　　（200001　上海福建中路 193 号）
发　　行　上海人民出版社发行中心
印　　刷　常熟市新骅印刷有限公司
开　　本　635×965　1/16
印　　张　16
插　　页　3
字　　数　183,000
版　　次　2019 年 9 月第 1 版
印　　次　2019 年 9 月第 1 次印刷
ISBN 978－7－5432－3026－2/D·128
定　　价　62.00 元